I0566843

BESTACTIVITYBOOKS.COM

ERSTE AUSGABE - Veröffentlicht 2022

Extra Grafikmaterial von: www.freepik.com
Dank an: Alekksall, Starline, Pch.vector, Rawpixel.com, Vectorpocket, Dgim-studio, Upklyak, Macrovector, Stockgiu, Pikisuperstar & Freepik.com Designers

5 TIPPS FÜR DEN ANFANG!

1) LÖSUNG DER RÄTSEL

Die Puzzles haben ein klassisches Format :

- Die Wörter sind ohne Abstand, Bindetrich usw… versteckt
- Richtung : vor-& rückwärts, auf & ab oder in der Diagonale (beider Richtungen)
- Die Wörter können übereinanderliegen oder sich kreuzen

2) AKTIVES LERNEN

Neben jedem Wort ist ein Abstand vorgesehen zum Aufschreiben der Übersetzung. Um ihre Kenntnisse zu überprüfen und zu erweitern befindet sich am Ende des Buches ein **WÖRTERBUCH**. Suchen sie die Übersetzungen, schreiben sie sie auf, dann können sie sie in den. Puzzles suchen und ihrem Wortschatz hinzufügen.

3) ANZEICHNUNG DER WÖRTER

Haben sie schon einmal versucht eine Anzeichnung zu verwenden? Sie könnten zum Beispiel die Wörter, die schwer zu finden sind, ankreuzen, die Wörter, die sie lieben, mit einem Stern, neue Wörter mit einem Dreieck, seltene Wörter mit einem Diamant usw … anzeichnen

4) IHR LERNEN ORGANISIEREN

Am Ende dieser Ausgabe bieten wir auch ein praktisches **NOTIZBUCH** an. Ob im Urlaub, auf Reisen oder zu Hause, sie können ihr neues Wissen ganz einfach organisieren, ohne ein zweites Notizbuch zu benötigen!

5) SIND SIE AM SCHLUSS ?

Gehen sie zum Bonusbereich : **MONSTER-HERAUSFÖRDERUNG,** um ein kostenloses Spiel zu finden, das am Ende dieser Ausgabe angeboten wird !

Lust auf mehr Spaß und Lernaktivitäten? Schnell und einfach : eine ganze Spielbuchsammlung mit einem einzigen Klick erhaltbar :

Mit diesem Link finden sie ihre nächste Herausforderung :

BestActivityBooks.com/MeineNachsteWortsuche

Achtung, fertig, ... Los !!

Wussten sie, dass es auf der Welt ungefähr 7.000 verschiedene Sprachen gibt ? Wörter sind kostbar.

Wie lieben Sprachen und haben schwer daran gearbeitet, die Bücher von höchster Qualität für sie zu entwerfen. Unsere Zutaten ?

Eine Auswahl von angepassten Lernthemen, drei große Scheiben Spaß, dann fügen wir einen Löffel schwieriger Wörter und eine Prise seltener Wörter hinzu. Wir servieren sie mit Sorgfalt und ein Maximum an Freude, damit sie die besten Wortspiele lösen und Spaß am Lernen haben.

Ihre Meinung ist wichtig. Sie können aktiv zum Erfolg dieses Buches beitragen, indem sie uns eine Bemerkung hinterlassen. Sagen sie uns, was ihnen an dieser Ausgabe am besten gefallen hat !!

Hier ist ein kurzer Link, der sie zu ihrer Bewertungsseite führt

BestBooksActivity.com/Rezension50

Vielen Dank für ihre Hilfe und viel Spaß

Linguas Classics

1 - Gesundheit und Wellness #2

病	喜	病	猟	り	読	シ	ス	絵	魔	芸	品	パ	ハ
ム	気	院	ク	レ	ム	編	ポ	イ	血	ン	読	プ	魔
エ	真	絵	影	シ	ル	ジ	ー	サ	ッ	マ	喜	喜	絵
プ	芸	ズ	レ	法	ン	イ	ツ	グ	シ	動	味	喜	キ
エ	ハ	シ	ャ	画	エ	ー	味	ビ	活	み	品	レ	ジ
撮	衛	法	プ	ゼ	喜	パ	園	タ	み	写	グ	編	ハ
ラ	グ	生	ー	プ	エ	ル	ル	ミ	ジ	パ	陶	み	ダ
グ	み	エ	リ	ス	ク	重	さ	ン	品	魔	狩	芸	イ
プ	ジ	絵	ロ	ゼ	動	ム	影	陶	グ	グ	画	食	エ
ハ	編	興	カ	芸	真	絵	真	書	エ	ダ	ー	欲	ッ
ス	ー	元	気	芸	画	遺	寝	感	染	ネ	ギ	レ	ト
ト	撮	興	品	ハ	レ	伝	る	び	ジ	ダ	ル	リ	ハ
レ	ジ	法	ズ	イ	リ	学	剖	解	書	ー	レ	ギ	動
ス	ジ	魔	リ	狩	魔	ャ	ン	び	味	猟	ア	写	ー

アレルギー
解剖学
食欲
ダイエット
エネルギー
遺伝学
元気
重さ
衛生
感染
カロリー
病院
病気
マッサージ
リスク
寝る
スポーツ
ストレス
ビタミン

2 - Ozean

リ	興	ク	ル	ャ	陶	動	ズ	う	コ	ー	ラ	ル	画
イ	絵	ハ	り	イ	魔	影	ジ	な	釣	ン	グ	魔	ン
活	芸	動	読	芸	ゼ	リ	撮	ぎ	ャ	カ	キ	写	ラ
魚	プ	猟	カ	ニ	撮	ゲ	キ	り	魔	シ	ジ	品	園
ジ	釣	影	ル	ク	ム	エ	陶	喜	ャ	釣	書	ズ	興
び	ボ	フ	イ	ズ	品	ス	ポ	ン	ジ	ク	ラ	ゲ	ゼ
キ	書	ー	ラ	ム	ラ	狩	エ	ク	ル	猟	み	嵐	ゼ
興	動	リ	ト	波	活	読	魔	み	撮	プ	エ	魔	影
魔	釣	法	画	ダ	魔	塩	ツ	釣	味	ダ	ン	魔	エ
写	シ	動	鮫	法	ズ	レ	活	ナ	味	真	ジ	び	レ
シ	読	エ	ラ	ズ	釣	ン	ャ	び	イ	陶	ー	ャ	ゲ
影	ク	ビ	カ	ー	鯨	ジ	ラ	ゲ	読	ズ	ズ	り	法
レ	読	書	編	メ	エ	陶	キ	動	興	キ	狩	ゲ	画
イ	シ	プ	動	潮	汐	パ	影	物	た	こ	書	ク	ー

うなぎ
カキ
ボート
イルカ
エビ
潮汐
コーラル
カニ
たこ
クラゲ
リーフ
カメ
スポンジ
ツナ

3 - Meditation

グ	レ	レ	ハ	撮	グ	興	写	グ	物	思	パ	味	ダ
物	猟	絵	猟	園	み	レ	撮	味	ズ	考	感	写	親
教	え	影	味	レ	書	興	キ	ル	読	ダ	謝	狩	切
芸	グ	画	学	読	姿	味	ジ	グ	興	り	写	ラ	ズ
ズ	写	書	ぶ	レ	勢	法	音	動	写	メ	ン	ム	撮
真	ル	魔	た	シ	画	レ	ダ	楽	ダ	ン	写	リ	釣
影	ハ	ダ	め	ゼ	物	読	ラ	ゲ	グ	タ	品	芸	撮
明	快	リ	に	絵	ル	活	書	イ	パ	ル	品	注	意
パ	ー	ス	ペ	ク	テ	ィ	ブ	陶	ン	ハ	編	び	グ
自	グ	リ	画	釣	思	受	マ	ン	活	動	物	ン	り
然	沈	画	レ	ゃ	い	け	イ	芸	影	影	ン	物	物
陶	写	黙	レ	び	や	入	ン	物	ゲ	喜	ル	撮	芸
平	和	絵	動	き	り	れ	ド	活	画	エ	り	呼	法
動	魔	ゼ	プ	芸	写	ム	レ	レ	ゲ	ゲ	ー	画	吸

受け入れ
呼吸
注意
動き
感謝
親切
平和
思考
メンタル
姿勢
明快
教え
学ぶために
思いやり
音楽
自然
パースペクティブ
沈黙
マインド

4 - Archäologie

教	パ	書	ゲ	エ	分	析	エ	子	興	ゼ	味	遺	動
法	授	エ	ハ	ー	読	ル	ジ	孫	猟	書	魔	物	ラ
陶	活	キ	芸	ム	興	芸	画	園	ダ	編	陶	写	骨
品	レ	ク	ャ	ー	味	り	喜	ム	み	イ	時	代	活
レ	ジ	ズ	リ	魔	寺	陶	ジ	ク	撮	ゼ	び	ズ	芸
パ	写	ゲ	り	陶	パ	プ	キ	チ	ー	ム	画	陶	ゲ
書	み	陶	イ	ー	エ	影	興	魔	陶	喜	ル	ゲ	影
撮	ン	リ	芸	ク	ミ	品	影	プ	書	編	喜	ゼ	興
不	明	シ	真	ゲ	ス	ク	読	猟	み	活	ン	ゼ	オ
品	法	レ	シ	ゲ	テ	ダ	活	文	動	ズ	ゼ	編	ブ
園	真	品	読	真	リ	ラ	み	明	喜	魔	魔	魔	ジ
忘	れ	ら	れ	た	ー	ー	画	専	編	評	価	影	ェ
ゲ	エ	読	ハ	喜	撮	法	ン	門	撮	研	究	者	ク
編	化	石	ハ	ク	猟	読	読	家	興	リ	ゼ	墓	ト

分析
評価
時代
専門家
研究者
化石
ミステリー
チーム

子孫
オブジェクト
教授
遺物
不明
忘れられた
文明

5 - Gesundheit und Wellness #1

リ	ー	ク	リ	物	ル	反	射	プ	動	ク	画	味	真
興	ラ	パ	画	イ	習	撮	写	書	書	芸	書	ー	レ
ク	び	ク	興	み	慣	物	写	読	み	み	リ	撮	リ
狩	法	芸	ゼ	ア	ク	テ	ィ	ブ	パ	高	園	動	喜
み	工	芸	魔	ー	ル	芸	喜	ー	ゼ	さ	品	興	シ
医	工	活	ハ	ラ	シ	影	ハ	ウ	レ	猟	釣	び	ラ
工	者	み	ャ	治	療	ョ	撮	イ	ゼ	ン	物	ン	み
陶	プ	喜	イ	び	工	魔	ン	ル	園	喜	ム	読	ム
キ	画	飢	餓	レ	リ	動	写	ス	園	狩	喜	レ	編
撮	ダ	ゼ	細	菌	ャ	薬	局	喜	イ	肌	喜	グ	狩
プ	ラ	プ	キ	ダ	ホ	神	ゼ	陶	ジ	影	品	絵	書
リ	ジ	診	プ	怪	ル	ル	経	薬	味	び	ラ	園	工
法	撮	療	み	我	モ	ジ	折	骨	動	筋	ダ	パ	ン
パ	ク	所	ゼ	プ	ン	狩	グ	プ	物	肉	み	写	キ

アクティブ
薬局
医者
細菌
リラクゼーション
骨折
習慣
ホルモン
高さ
飢餓
診療所
筋肉
神経
反射
治療
怪我
ウイルス

6 - Obst

キ	り	読	編	葡	ン	パ	品	狩	キ	影	ム	法	ズ
オ	ウ	び	釣	萄	ー	ジ	パ	ハ	真	ジ	読	読	物
ム	レ	イ	コ	コ	ナ	ッ	ツ	ベ	リ	ー	ン	ハ	パ
活	リ	ン	活	ー	キ	絵	り	ラ	ハ	影	芸	撮	レ
ハ	画	ロ	ジ	影	活	画	園	ジ	ャ	ハ	ー	エ	グ
品	エ	メ	ダ	ハ	ゲ	梅	エ	活	イ	ム	イ	陶	影
活	ア	レ	エ	編	ー	リ	ズ	画	絵	陶	チ	ダ	ダ
陶	ボ	ネ	ク	タ	リ	ン	物	ト	絵	真	ェ	び	撮
魔	カ	レ	パ	ン	ル	ル	味	ッ	ャ	パ	リ	ラ	み
バ	ド	ャ	レ	芸	プ	ー	シ	コ	ク	イ	ー	ズ	み
ナ	ゼ	ゼ	ブ	ラ	ッ	ク	ベ	リ	ー	ナ	プ	ベ	レ
ナ	品	ン	撮	桃	ア	猟	味	プ	味	ッ	ジ	リ	モ
パ	パ	イ	ヤ	キ	ラ	活	グ	ア	影	プ	味	ー	ン
り	魔	ジ	び	物	リ	リ	真	画	狩	ル	梨	喜	ル

パイナップル
アップル
アプリコット
アボカド
バナナ
ベリー
ブラックベリー
ラズベリー
チェリー
キウイ
ココナッツ
メロン
ネクタリン
オレンジ
パパイヤ
葡萄
レモン

7 - Universum

り	パ	半	球	天	月	空	闇	グ	レ	品	陶	ゲ	パ
撮	動	プ	目	文	プ	書	ラ	読	陶	品	品	真	喜
ラ	物	釣	に	学	び	真	ゲ	陶	法	品	ラ	品	動
猟	狩	猟	見	プ	編	プ	シ	味	影	ン	雰	み	品
ン	真	プ	え	ム	芸	品	撮	猟	品	味	囲	キ	真
み	狩	ル	る	ル	活	絵	法	び	パ	ャ	気	絵	興
味	影	ジ	ン	ク	シ	動	ズ	動	ャ	写	ゼ	品	影
銀	味	ゼ	ダ	真	ズ	ク	園	真	物	望	遠	鏡	ン
河	シ	ム	興	天	ン	猟	撮	ム	軌	動	ャ	法	ル
園	レ	法	緯	度	文	味	ラ	興	道	天	品	写	猟
真	ル	至	点	経	画	学	シ	エ	赤	体	地	平	線
法	レ	プ	シ	画	ン	影	者	ダ	編	ズ	魔	撮	リ
コ	ズ	ミ	ッ	ク	ッ	ア	ィ	デ	ゾ	ハ	り	真	画
小	惑	星	書	物	読	プ	イ	物	ダ	読	興	品	動

小惑星
天文学者
天文学
雰囲気
赤道
緯度
銀河
半球
天体

地平線
コズミック
経度
軌道
目に見える
至点
望遠鏡
ゾディアック

8 - Camping

編	絵	魔	園	地	グ	魔	キ	ゲ	ー	釣	キ	湖	ハ
ズ	ク	帽	ル	図	園	キ	真	ダ	釣	ン	ャ	ャ	楽
レ	エ	物	子	動	釣	ン	書	魔	ン	キ	ビ	動	し
品	活	品	キ	物	真	エ	イ	エ	ス	パ	ン	コ	い
撮	写	ゼ	狩	画	ロ	パ	冒	険	ラ	喜	ゼ	み	ク
グ	陶	魔	イ	ム	ー	月	レ	火	ン	ラ	味	キ	プ
芸	写	狩	シ	釣	プ	シ	昆	虫	タ	テ	ン	ト	ダ
ズ	喜	び	法	読	ゲ	動	編	ハ	ン	ャ	陶	興	撮
興	ン	ム	絵	パ	書	ハ	森	喜	法	魔	プ	シ	プ
り	動	動	グ	影	芸	猟	魔	ラ	ダ	撮	ゲ	ム	パ
ハ	ン	モ	ッ	ク	ジ	読	ク	味	パ	活	ゲ	法	キ
ム	喜	ハ	園	パ	イ	自	然	品	芸	写	カ	ヌ	ー
ハ	喜	活	活	興	陶	り	ゼ	動	山	狩	猟	プ	み
読	魔	ー	猟	ャ	び	読	画	プ	り	シ	び	絵	ク

冒険
ハンモック
帽子
昆虫
狩猟
キャビン
カヌー
地図
コンパス
ランタン
自然
ロープ
楽しい
動物
テント

9 - Zeit

ゼ	ジ	グ	真	狩	グ	リ	ャ	芸	法	ラ	物	味	前
絵	撮	陶	工	魔	り	ズ	プ	書	エ	シ	狩	シ	狩
十	ジ	リ	書	味	書	喜	ー	魔	分	日	リ	ー	リ
影	年	夜	エ	イ	カ	書	影	グ	後	法	興	物	り
書	ャ	通	キ	魔	レ	猟	び	狩	ン	イ	動	釣	ダ
び	ゲ	芸	シ	陶	ン	キ	喜	エ	キ	パ	喜	シ	ズ
プ	イ	品	陶	リ	ダ	レ	ク	画	芸	画	ズ	ズ	読
猟	週	ゼ	世	紀	ー	読	み	味	ゲ	絵	物	ム	プ
未	来	影	み	陶	ジ	写	園	シ	ャ	釣	朝	月	パ
影	ー	ハ	シ	ラ	味	狩	り	み	絵	法	り	園	シ
計	レ	喜	釣	編	ー	興	今	日	レ	り	撮	ゲ	狩
時	間	ジ	び	ク	釣	り	書	昨	魔	物	動	プ	プ
ジ	絵	ジ	活	ル	ム	動	写	興	猟	芸	読	動	書
ン	真	撮	び	シ	興	レ	ャ	昼	び	ー	写	猟	動

昨日
今日
世紀
十年
通年

カレンダー
時間
時計
未来

10 - Säugetiere

ル	み	釣	イ	釣	イ	読	ハ	ラ	シ	シ	影	虎	ゼ
真	グ	ャ	猟	編	読	狼	味	イ	熊	ネ	ズ	ミ	書
影	ク	ズ	陶	ー	ャ	シ	ャ	オ	読	動	シ	エ	ク
画	コ	ヨ	ー	テ	影	狩	ジ	ン	シ	プ	ク	ゼ	ン
ゴ	法	物	馬	バ	狩	釣	喜	エ	マ	喜	ダ	ル	羊
リ	撮	パ	ダ	活	ー	ー	物	読	ウ	写	陶	ン	ダ
ラ	猿	ン	狐	品	ル	ビ	ブ	び	マ	味	ダ	ゼ	レ
動	キ	サ	犬	興	ガ	法	ル	ル	イ	鯨	リ	編	パ
プ	イ	ー	イ	ズ	ン	み	読	狩	ル	動	り	活	エ
法	プ	読	撮	猟	カ	活	影	び	釣	陶	ム	狩	写
影	プ	ゲ	レ	活	ゲ	り	味	味	猟	興	り	釣	み
ゲ	撮	リ	興	リ	ク	イ	ハ	リ	ジ	読	ハ	ハ	芸
真	象	み	ク	キ	ク	芸	喜	喜	キ	リ	ン	陶	り
動	ク	真	絵	陶	法	イ	猟	品	興	猟	キ	ム	絵

ビーバー
キリン
ゴリラ
カンガルー
コヨーテ
ライオン
パンサー
ネズミ
ブル
シマウマ

11 - Algebra

分	数	変	編	ズ	ジ	レ	ゼ	物	真	エ	物	画	び
園	ダ	因	子	和	動	陶	写	指	数	ル	ャ	芸	絵
真	ル	味	興	ゲ	ー	み	方	程	式	ー	編	ラ	喜
び	リ	絵	興	編	活	味	解	決	番	イ	リ	み	エ
単	純	化	芸	品	ダ	エ	ク	狩	号	ン	ル	ン	び
撮	絵	撮	法	ム	陶	釣	絵	動	園	絵	ジ	読	活
線	猟	み	み	問	題	ジ	画	ム	法	ダ	プ	物	写
形	ゲ	グ	グ	芸	ム	ン	グ	法	ル	ゼ	ク	マ	キ
無	限	ラ	釣	リ	パ	エ	図	読	シ	影	ロ	ト	読
エ	味	フ	み	り	ダ	偽	写	狩	読	興	エ	リ	撮
芸	編	み	品	ラ	キ	ル	プ	り	ラ	プ	活	ッ	撮
書	ラ	品	魔	真	狩	び	プ	読	ー	ラ	キ	ク	式
芸	減	算	活	キ	狩	リ	品	喜	量	猟	プ	ス	パ
編	真	真	読	陶	活	陶	興	ラ	キ	味	び	ハ	グ

分数
指数
因子
方程式
グラフ
線形
解決
マトリックス
ゼロ
番号
問題
減算
無限
変数
単純化

12 - Diplomatie

大	使	館	安	活	り	り	ク	言	人	国	外	交	狩
ャ	大	ル	全	議	活	イ	エ	語	味	動	び	プ	レ
芸	対	立	魔	ハ	論	狩	り	レ	ン	興	ゼ	リ	絵
府	ゼ	喜	パ	ー	釣	ル	動	み	写	ゼ	動	パ	喜
政	治	ジ	味	み	ゼ	影	ン	写	動	動	ゼ	ゼ	ャ
芸	ン	エ	活	書	び	り	キ	喜	ン	ン	品	ャ	書
法	活	釣	イ	ジ	陶	喜	協	力	魔	ズ	び	キ	プ
真	読	ダ	魔	ラ	条	約	喜	ズ	釣	顧	プ	影	ズ
編	び	エ	真	影	正	ゼ	味	イ	ム	書	問	ズ	猟
画	撮	魔	ハ	ズ	義	釣	み	倫	理	グ	園	ク	び
ン	ハ	パ	エ	芸	り	ム	び	喜	ル	芸	影	ジ	狩
イ	動	市	民	魔	ー	ハ	整	画	解	品	ル	狩	み
ル	ゲ	コ	ミ	ュ	ニ	テ	ィ	合	決	園	ゼ	ゼ	レ
人	道	主	義	者	味	猟	み	ゼ	性	ャ	ゲ	リ	パ

外国人
顧問
大使館
大使
市民
外交
議論
倫理
コミュニティ
正義
人道主義者
整合性
対立
解決
政治
政府
安全
言語
条約
協力

13 - Astronomie

天	パ	絵	味	興	動	び	真	衛	法	プ	宇	レ	彗
台	文	天	エ	ル	ハ	写	雲	星	興	撮	宙	宇	星
太	陽	学	真	ム	グ	真	ク	読	ク	ク	飛	宙	ゼ
ー	狩	味	者	ゾ	デ	ィ	ア	ッ	ク	ゲ	行	惑	星
ク	喜	星	読	品	法	月	書	ャ	グ	リ	士	グ	法
活	喜	活	味	ゼ	写	ゲ	写	ン	影	ゲ	ジ	レ	ム
グ	ラ	写	編	味	写	園	ダ	ー	陶	空	望	喜	釣
絵	撮	喜	ハ	興	び	ン	魔	写	品	ル	遠	猟	ゼ
り	活	真	イ	物	法	品	超	新	星	ロ	鏡	ゲ	ズ
ハ	ク	園	撮	イ	物	グ	び	狩	ル	真	ケ	写	動
流	レ	リ	画	釣	編	味	ク	法	地	球	座	ッ	キ
ャ	星	グ	み	ダ	画	絵	び	喜	小	惑	星	味	ト
ジ	ク	び	ー	パ	活	撮	園	編	ム	書	影	ゼ	撮
釣	グ	狩	喜	真	り	陶	画	ー	品	ー	読	陶	品

小惑星
宇宙飛行士
天文学者
地球
彗星
星座
流星
星雲
天文台
惑星
ロケット
衛星
太陽
超新星
望遠鏡
ゾディアック
宇宙

14 - Ballett

ル	味	ジ	ラ	釣	興	品	音	絵	プ	エ	絵	動	釣
興	ャ	ダ	り	園	芸	エ	楽	ズ	ズ	ャ	ャ	ジ	エ
画	書	ン	ン	練	魔	書	り	び	狩	ゲ	猟	陶	画
釣	猟	サ	読	習	び	筋	ゼ	グ	ダ	エ	オ	ジ	技
び	ー	ー	写	陶	喜	び	肉	ス	ハ	真	ー	ェ	術
園	ダ	リ	喜	イ	活	影	ジ	物	キ	ン	ケ	ス	ソ
動	ダ	ズ	ル	表	現	力	豊	か	な	ル	ス	チ	ロ
ズ	ナ	ム	拍	手	ジ	ク	活	ラ	魔	イ	ト	ャ	プ
リ	ハ	ー	サ	ル	作	曲	家	写	り	タ	ラ	ー	キ
強	度	ズ	リ	び	ル	イ	園	ー	ダ	ス	ク	パ	ン
読	ャ	ャ	ン	レ	絵	写	絵	編	ズ	ゲ	真	ラ	キ
芸	術	的	ー	ー	バ	振	り	付	け	品	園	画	エ
エ	写	写	狩	ゲ	ム	ゼ	物	レ	ハ	グ	ム	プ	品
プ	ク	影	編	ル	ー	グ	ラ	レ	ズ	ク	ー	読	撮

拍手
表現力豊かな
バレリーナ
振り付け
スキル
ジェスチャー
強度
作曲家
芸術的
音楽
筋肉
オーケストラ
練習
リハーサル
リズム
ソロ
スタイル
ダンサー
技術

15 - Geologie

物	物	コ	ン	喜	ル	ム	ラ	ダ	物	キ	グ	地	画
ジ	高	原	ー	ャ	ン	溶	ジ	喜	ダ	ダ	品	震	ク
猟	絵	プ	ゾ	ラ	テ	岩	動	プ	味	鍾	乳	石	狩
洞	窟	プ	編	イ	ル	ラ	影	興	り	喜	真	り	ル
パ	グ	パ	品	興	モ	編	ズ	読	ミ	狩	リ	味	釣
芸	間	び	キ	み	ラ	影	狩	み	ネ	石	カ	画	園
書	ズ	欠	侵	画	芸	プ	味	品	ラ	英	ル	り	釣
読	塩	味	泉	食	火	山	ム	園	ル	ラ	シ	化	石
芸	グ	品	ジ	エ	大	陸	ダ	キ	編	ジ	ウ	グ	釣
陶	写	ラ	ム	動	り	影	エ	猟	ー	ク	ム	味	石
ゲ	ハ	ム	画	陶	法	魔	喜	喜	狩	プ	ハ	画	筍
レ	パ	園	猟	ゲ	ハ	シ	狩	ル	ク	喜	グ	リ	グ
レ	撮	エ	書	ジ	エ	撮	ル	品	び	み	リ	読	ゼ
猟	興	写	酸	ジ	み	絵	猟	猟	ハ	真	芸	ラ	撮

地震
侵食
化石
モルテン
間欠泉
洞窟
カルシウム
大陸
コーラル
溶岩
ミネラル
高原
石英
石筍
鍾乳石
火山
ゾーン

16 - Wissenschaft

イ	プ	ジ	写	撮	釣	エ	ル	ズ	画	編	法	生	味
仮	説	ミ	ネ	ラ	ル	験	写	ハ	イ	ズ	者	物	プ
物	粒	子	エ	撮	事	実	方	法	物	理	学	陶	園
写	シ	品	陶	撮	み	グ	釣	陶	編	ラ	科	動	パ
園	動	芸	プ	エ	ズ	品	編	陶	喜	園	イ	影	プ
進	分	イ	ン	芸	自	石	化	イ	書	釣	真	書	猟
み	化	子	陶	狩	然	ゲ	学	ジ	気	ハ	ハ	陶	み
画	レ	キ	び	ク	狩	ゼ	薬	書	候	リ	研	ル	物
植	猟	び	真	ゼ	イ	パ	品	エ	ゼ	プ	究	キ	撮
ン	物	重	原	子	興	レ	ジ	ク	撮	み	室	レ	プ
真	絵	力	ズ	撮	品	ャ	ジ	陶	写	イ	活	ー	ル
ー	活	真	イ	猟	書	喜	ダ	イ	活	味	リ	興	レ
シ	ム	猟	シ	園	ム	撮	パ	喜	ク	ク	喜	ー	シ
キ	釣	画	動	イ	シ	陶	物	ル	デ	ー	タ	物	り

原子
化学薬品
データ
進化
実験
化石
仮説
気候
研究室
方法
ミネラル
分子
自然
生物
粒子
植物
物理学
重力
事実
科学者

17 - Bildende Kunst

チ	動	読	キ	ク	読	み	読	パ	グ	ペ	創	造	性
ョ	品	狩	陶	イ	プ	ー	キ	物	法	ン	ゼ	シ	建
ー	イ	ダ	画	傑	物	粘	パ	ン	キ	ハ	ジ	ズ	築
ク	ー	パ	シ	作	ゲ	土	絵	エ	プ	ル	ダ	彫	刻
法	ゼ	び	狩	ル	釣	物	ー	画	読	シ	興	ル	ジ
パ	ル	び	ダ	シ	陶	園	法	影	シ	グ	ム	ー	ダ
ル	ー	ズ	陶	ン	釣	ゼ	イ	ク	陶	構	成	ク	ゲ
シ	ト	ス	ィ	テ	ー	ア	プ	ハ	撮	ダ	写	画	読
喜	ー	ニ	ペ	ス	ー	ム	ダ	狩	映	ジ	ハ	写	猟
レ	レ	ワ	物	ク	ラ	ル	編	ル	イ	画	リ	レ	芸
釣	ト	ー	猟	ッ	テ	釣	ム	書	鉛	り	レ	プ	真
魔	ー	狩	キ	ワ	み	ィ	ム	物	筆	活	ル	絵	ハ
み	ポ	写	読	釣	ク	園	ブ	物	動	猟	真	シ	ゼ
パ	魔	真	物	ハ	み	ー	キ	炭	ゼ	ゲ	芸	活	釣

建築
鉛筆
映画
写真
絵画
創造性
チョーク
アーティスト
ワニス
傑作
パースペクティブ
ポートレート
ステンシル
彫刻
イーゼル
ペン
粘土
ワックス
構成

18 - Mythologie

品	雷	書	稲	ゼ	作	モ	真	ム	真	真	魔	ジ	影
撮	グ	ル	シ	妻	成	ン	イ	書	ジ	影	法	活	書
狩	パ	ム	物	レ	物	ス	物	び	活	ゼ	の	文	ズ
ダ	興	ヒ	ー	ロ	ー	タ	園	物	ゲ	真	釣	化	り
読	ム	ラ	ハ	猟	び	ー	ジ	書	園	園	ル	り	影
ゲ	法	不	ビ	ン	活	物	パ	ム	ハ	エ	喜	原	リ
行	動	死	写	リ	ジ	災	嫉	妬	リ	み	喜	型	興
絵	ン	エ	ゲ	興	ン	害	モ	ー	タ	ル	陶	物	キ
園	み	ラ	画	エ	品	ス	リ	真	シ	編	レ	園	園
活	味	園	ル	陶	ン	狩	画	ル	読	ャ	陶	読	真
影	プ	強	生	狩	ズ	味	編	ク	エ	り	イ	真	ゼ
ジ	ゼ	さ	ゼ	き	ム	ハ	ク	ハ	プ	法	ジ	び	猟
ー	動	戦	士	陶	物	ム	編	復	法	ル	み	り	猟
エ	ジ	び	絵	ャ	ズ	伝	説	讐	ハ	パ	天	国	ダ

原型
稲妻
嫉妬
ヒーロー
天国
災害
作成
生き物
戦士
文化

ラビリンス
伝説
魔法の
モンスター
復讐
強さ
モータル
不死
行動

19 - Kraft und Schwerkraft

ク	磁	興	陶	動	キ	ー	狩	物	ク	法	書	動	的
真	気	レ	ー	書	ゼ	品	撮	陶	品	レ	プ	拡	張
時	間	圧	活	読	り	ハ	書	ン	喜	陶	リ	エ	プ
り	学	力	惑	影	園	芸	ム	画	ク	法	ジ	パ	ル
真	プ	ラ	パ	星	レ	ユ	魔	ン	活	び	活	び	ル
プ	猟	グ	物	理	学	ニ	撮	絵	狩	ー	喜	ズ	真
ロ	撮	魔	り	物	編	バ	ズ	発	見	パ	ャ	芸	物
パ	ゼ	釣	陶	エ	エ	ー	猟	ャ	編	芸	キ	リ	ム
テ	ン	興	読	書	読	サ	距	魔	動	編	軸	摩	り
ィ	び	ゼ	芸	ク	味	ル	離	法	グ	キ	影	グ	擦
セ	リ	法	猟	パ	レ	ー	ン	レ	品	園	パ	魔	喜
ン	び	園	編	パ	画	魔	ラ	軌	道	ダ	重	さ	キ
タ	法	グ	エ	釣	ク	品	絵	び	び	速	度	猟	園
ー	び	ゼ	真	法	法	り	レ	び	動	パ	芸	興	品

距離
センター
圧力
動的
プロパティ
発見
拡張
速度
重さ
磁気
力学
軌道
物理学
惑星
摩擦
ユニバーサル
時間

20 - Restaurant #2

ラ	サ	野	み	芸	芸	撮	ー	編	フ	シ	リ	キ	味
編	ラ	菜	影	釣	プ	魔	活	写	キ	ル	喜	ダ	ャ
み	ダ	興	パ	影	活	味	フ	ォ	ー	ク	ー	品	エ
り	法	書	編	喜	ス	ー	プ	み	ケ	ク	物	ツ	法
動	園	ダ	ャ	び	活	タ	氷	陶	ャ	び	書	ム	活
活	ダ	編	美	編	プ	イ	ハ	キ	ゲ	園	撮	ズ	ゲ
ャ	前	魔	味	ハ	レ	ェ	活	ゼ	真	陶	ラ	ン	チ
ャ	菜	園	し	絵	ハ	ウ	ゼ	魚	ゼ	撮	興	写	画
品	レ	ズ	い	エ	リ	ス	狩	ハ	麺	飲	料	活	絵
芸	書	シ	グ	り	み	プ	読	活	品	ジ	物	ャ	び
品	ダ	リ	法	水	み	ー	ス	椅	子	プ	編	プ	絵
タ	食	レ	ジ	画	み	ン	グ	パ	興	書	ゲ	ラ	エ
ゼ	ゲ	レ	ダ	パ	プ	園	ル	プ	イ	ゼ	み	読	芸
ジ	園	ハ	法	塩	シ	絵	書	り	味	ス	物	興	ー

夕食
フルーツ
フォーク
野菜
飲料
スパイス
ウェイター
美味しい
ケーキ
スプーン
ランチ
サラダ
椅子
スープ
前菜

21 - Ökologie

興	リ	影	ュ	味	工	影	ズ	地	息	生	存	パ	魔
影	ゼ	ソ	シ	気	候	植	釣	グ	ロ	ー	バ	ル	物
グ	真	ラ	ー	プ	ナ	生	多	様	性	ジ	ク	読	書
動	山	写	マ	ス	チ	編	味	魔	ゲ	撮	狩	ク	編
書	ゼ	ィ	テ	ニ	ュ	ミ	コ	陶	品	絵	活	パ	園
猟	フ	リ	ゼ	ゲ	ラ	ル	キ	ル	写	り	読	ハ	味
ジ	動	ロ	興	り	ル	品	猟	影	グ	ゼ	み	猟	プ
ハ	法	物	ー	自	然	シ	ャ	釣	イ	キ	キ	ラ	り
シ	味	マ	相	ラ	旱	ク	書	真	ズ	興	法	書	活
ズ	キ	リ	猟	リ	魃	狩	写	リ	真	書	影	パ	パ
活	び	ン	ジ	絵	法	ゼ	ジ	り	シ	パ	猟	植	物
持	続	可	能	ダ	園	ク	ゲ	り	撮	リ	影	ム	魔
ボ	ラ	ン	テ	ィ	ア	狩	釣	ム	エ	ゲ	魔	レ	味
ゲ	種	陶	品	猟	ハ	味	エ	ゲ	キ	ダ	興	動	魔

旱魃
動物相
フローラ
ボランティア
コミュニティ
グローバル
気候
生息地
マリン
持続可能
自然
ナチュラル
植物
リソース
マーシュ
生存
植生
多様性

22 - Schokolade

魔	喜	影	撮	絵	ク	美	ル	メ	ラ	カ	職	ダ	味
コ	ン	園	リ	ゲ	エ	味	味	撮	苦	ロ	人	品	ピ
コ	エ	キ	ゾ	チ	ッ	ク	芸	し	い	リ	撮	び	ー
ナ	法	イ	び	味	ャ	魔	釣	ハ	い	ー	興	園	ナ
ッ	酸	化	防	止	剤	画	活	ル	物	活	動	影	ッ
ツ	ン	パ	ル	ー	読	絵	ー	キ	陶	ー	喜	魔	ツ
画	魔	品	プ	真	粉	グ	猟	び	釣	画	陶	園	レ
撮	陶	イ	園	キ	影	エ	猟	砂	ゼ	プ	ゲ	読	興
お	気	に	入	り	香	影	撮	糖	興	猟	リ	り	味
影	喜	撮	味	読	芸	り	み	ダ	興	ハ	写	品	質
興	カ	カ	オ	撮	芸	み	リ	絵	ン	レ	ジ	エ	写
編	読	レ	シ	ピ	シ	甘	い	グ	味	真	ー	パ	影
渇	望	ズ	読	パ	ラ	園	成	書	興	書	猟	魔	グ
味	写	ジ	ハ	真	ジ	品	み	分	喜	ズ	写	読	ジ

酸化防止剤
香り
苦い
ピーナッツ
エキゾチック
お気に入り
職人
カカオ
カロリー
カラメル
ココナッツ
美味しい
品質
レシピ
甘い
渇望
砂糖
成分

23 - Boote

エ	ン	ジ	ン	カ	魔	プ	キ	カ	絵	キ	活	芸	ン
ク	グ	味	び	釣	ヤ	芸	び	味	ヌ	影	活	活	ハ
プ	陶	芸	品	ル	キ	ッ	絵	り	ャ	ー	ラ	ー	セ
編	ド	ッ	ク	動	絵	エ	ク	物	動	ル	ノ	カ	湖
活	釣	動	撮	動	興	撮	い	か	だ	ク	ー	ン	び
絵	釣	ダ	ル	ブ	イ	撮	絵	ゼ	喜	真	テ	ア	ズ
マ	ス	ト	園	ク	味	ク	ズ	海	喜	活	ィ	ム	ズ
活	猟	ダ	ズ	魔	真	陶	び	ダ	洋	撮	カ	グ	ク
書	ム	ゲ	味	リ	法	エ	書	波	法	ン	ル	撮	ゲ
パ	び	フ	レ	編	動	イ	シ	撮	画	魔	ロ	ー	プ
潮	真	ェ	ム	狩	狩	ジ	芸	魔	川	ル	ヨ	影	キ
猟	ル	リ	猟	ジ	エ	興	リ	芸	パ	猟	ッ	ダ	リ
真	書	ー	活	パ	陶	ジ	影	喜	味	編	ト	り	り
法	ラ	キ	興	キ	活	釣	喜	ゲ	画	ル	ラ	ム	ク

アンカー
ブイ
クルー
ドック
フェリー
いかだ
カヤック
カヌー
マスト
エンジン
ノーティカル
海洋
セーラー
ロープ
ヨット

24 - Stadt

釣	ベ	ス	タ	ジ	ア	ム	診	療	所	り	プ	書	ス
影	絵	ー	空	港	ゼ	ゲ	ク	花	屋	ー	味	銀	ー
ズ	ム	画	カ	グ	園	ク	編	キ	レ	び	読	行	パ
猟	薬	写	物	リ	活	ギ	図	書	館	学	校	ゲ	ー
ク	局	び	釣	ラ	ー	ャ	法	工	品	物	パ	喜	マ
動	物	園	写	ャ	ン	ラ	ト	ス	レ	ハ	物	市	ー
り	影	み	活	ク	画	リ	法	キ	リ	活	ジ	場	ケ
グ	喜	レ	園	ホ	ズ	ー	ハ	博	物	館	ー	劇	ッ
影	ー	活	味	写	テ	大	ハ	ズ	絵	エ	プ	狩	ト
レ	釣	猟	法	動	編	ル	学	プ	書	写	ジ	ゲ	絵
リ	ル	グ	ム	園	ハ	ジ	エ	ク	ハ	ム	ゲ	キ	み
喜	キ	芸	芸	書	り	編	み	ジ	ー	撮	芸	ジ	影
ャ	釣	リ	画	店	真	狩	絵	ン	魔	猟	シ	ネ	マ
動	猟	釣	物	リ	猟	品	書	陶	ジ	興	真	キ	撮

薬局
銀行
ベーカリー
図書館
花屋
書店
空港
ギャラリー
ホテル
シネマ
診療所
市場
博物館
レストラン
学校
スタジアム
スーパーマーケット
劇場
大学
動物園

25 - Aktivitäten

グ	ゲ	レ	影	り	園	品	芸	狩	ゼ	り	品	ム	シ
び	編	法	ジ	キ	ダ	ン	シ	ン	グ	園	リ	芸	ム
読	書	グ	プ	ャ	絵	ズ	書	び	品	芸	工	ラ	活
ダ	ク	ン	ョ	シ	ー	ゼ	ク	ラ	リ	ル	グ	狩	動
ハ	猟	キ	レ	編	み	物	園	ム	芸	読	書	釣	猟
プ	ズ	イ	写	真	書	ー	ル	グ	ラ	読	ー	ム	釣
読	動	ハ	ラ	真	ル	レ	猟	ル	興	狩	喜	び	ク
工	物	真	絵	画	撮	書	真	喜	ズ	猟	ム	撮	陶
法	動	味	園	影	味	影	ア	ー	ト	ス	キ	ル	キ
み	活	釣	ゲ	魔	編	ゼ	味	狩	魔	編	影	写	動
狩	ズ	り	陶	縫	絵	工	工	狩	陶	興	ン	狩	ゼ
ジ	ゲ	魔	陶	製	グ	ゼ	猟	興	パ	ク	パ	ラ	狩
絵	ー	法	物	キ	真	イ	り	芸	ー	写	絵	真	写
喜	ム	書	パ	品	キ	ャ	ン	プ	レ	ャ	書	ャ	書

活動
釣り
キャンプ
リラクゼーション
スキル
写真撮影
レジャー
園芸
絵画
狩猟
アート
工芸品
読書
魔法
縫製
ゲーム
編み物
ダンシング
喜び
ハイキング

26 - Bienen

ゼ	女	ジ	リ	ズ	活	シ	植	物	ム	ズ	ク	レ	陶
ジ	味	王	法	絵	写	魔	真	べ	び	喜	庭	物	猟
陶	陶	物	動	ク	ジ	ル	び	食	ン	ル	絵	ゲ	品
品	ン	パ	真	書	パ	キ	ゼ	パ	芸	書	み	エ	レ
動	ー	イ	プ	読	み	み	興	喜	系	釣	ゼ	巣	釣
多	様	性	撮	ク	芸	興	翼	グ	態	リ	品	箱	猟
興	魔	び	活	書	ク	味	興	り	生	ク	法	味	喜
動	パ	興	太	画	撮	喜	影	絵	息	写	り	み	真
法	ャ	ン	陽	有	パ	ム	書	ゼ	地	ム	真	昆	虫
者	プ	イ	み	ハ	益	ダ	書	キ	キ	品	び	ワ	魔
介	興	興	真	陶	画	群	喜	味	芸	イ	び	ッ	影
媒	ゲ	蜂	煙	グ	釣	れ	釣	読	ハ	花	法	ク	リ
粉	ャ	蜜	絵	陶	ャ	リ	イ	ラ	釣	編	ル	ス	真
花	粉	フ	ル	ー	ツ	ジ	編	味	書	グ	芸	ム	ラ

花粉媒介者
巣箱
食べ物
フルーツ
蜂蜜
昆虫
女王
生息地

生態系
植物
花粉
群れ
太陽
多様性
有益
ワックス

27 - Wissenschaftliche Disziplinen

影	言	語	学	力	熱	動	リ	芸	動	興	イ	ル	ャ
法	品	画	会	疫	ダ	プ	物	真	味	工	読	ル	撮
生	物	学	社	ダ	免	狩	編	学	ル	猟	画	陶	物
品	活	古	写	撮	法	イ	ク	生	態	学	ダ	喜	み
工	品	考	グ	芸	ー	ハ	ダ	化	編	絵	パ	リ	影
グ	神	経	学	質	地	魔	影	学	解	り	写	ゲ	シ
キ	画	ー	物	力	ム	ル	絵	キ	剖	ャ	リ	猟	動
心	理	学	植	学	び	芸	編	ネ	学	写	魔	生	理
写	画	興	ャ	プ	陶	絵	ラ	シ	動	り	法	狩	影
ン	ゼ	ー	生	真	法	ゼ	撮	オ	ル	パ	パ	ハ	興
グ	興	影	化	興	ル	画	ハ	ロ	ャ	魔	書	ャ	び
天	文	学	学	法	鉱	物	学	ジ	ダ	プ	ハ	撮	ゲ
ャ	シ	シ	ゲ	ズ	猟	写	ャ	ー	編	み	ラ	影	ル
ズ	ン	レ	ズ	絵	読	猟	芸	ジ	シ	園	陶	品	書

解剖学
考古学
天文学
生化学
生物学
植物学
化学
地質学
免疫学
キネシオロジー

言語学
力学
鉱物学
神経学
生態学
生理
心理学
社会学
熱力学
動物学

28 - Vögel

ガ	興	ル	リ	パ	フ	ア	ズ	ズ	法	イ	真	カ	レ
ジ	チ	ャ	ト	ク	ハ	ラ	ヒ	読	ダ	編	ゼ	ッ	狩
ズ	編	ョ	ノ	カ	孔	雀	ミ	ル	ハ	キ	味	コ	リ
キ	シ	リ	ウ	モ	鳩	猟	ャ	ン	ギ	ン	ペ	ウ	活
真	喜	み	コ	メ	オ	オ	ハ	シ	ゴ	法	シ	物	写
ー	読	編	リ	ズ	パ	喜	ム	ハ	レ	真	物	み	シ
ル	ル	イ	カ	ス	喜	ゼ	狩	ム	書	び	魔	写	ク
絵	物	読	ラ	サ	ギ	り	狩	撮	白	絵	法	び	法
物	ゲ	ジ	ス	レ	フ	ク	ロ	ウ	鳥	鷲	釣	芸	編
チ	キ	ン	猟	味	ム	書	パ	ペ	陶	ル	ム	影	絵
喜	ダ	喜	み	釣	パ	ラ	芸	リ	ダ	猟	プ	芸	ク
書	読	卵	イ	シ	オ	ゲ	プ	カ	品	ハ	エ	品	園
ー	プ	ー	キ	パ	ウ	イ	活	ン	リ	画	ン	ル	狩
動	プ	り	味	法	ム	イ	キ	画	イ	ゲ	編	猟	活

アヒル
フクロウ
フラミンゴ
ガチョウ
チキン
カラス
カッコウ
カモメ
オウム
ペリカン
孔雀
ペンギン
サギ
白鳥
スズメ
コウノトリ
オオハシ

29 - Elektrizität

ゲ	ル	プ	釣	ン	ラ	品	ハ	ダ	ラ	魔	編	品	撮
ラ	シ	電	喜	喜	喜	イ	キ	ャ	書	キ	活	写	ラ
ゲ	ン	話	ル	イ	園	品	ワ	イ	ヤ	グ	釣	ク	画
ダ	味	プ	ジ	画	興	プ	プ	ゼ	物	み	ー	ャ	ク
活	ズ	ク	り	レ	キ	活	イ	パ	ン	物	陶	魔	ゲ
磁	石	ゼ	ス	パ	撮	ム	シ	ダ	キ	動	り	エ	プ
ラ	ラ	ラ	ト	正	リ	味	通	信	網	発	生	器	興
園	ル	ー	レ	ル	物	量	イ	読	画	シ	ラ	釣	園
ハ	ー	ザ	ー	レ	師	技	気	電	キ	物	ル	喜	陶
エ	び	エ	ジ	ン	ズ	リ	電	テ	レ	ビ	ク	物	喜
品	法	ン	ャ	興	ー	負	ソ	池	魔	エ	グ	釣	猟
イ	ハ	ル	絵	ル	ブ	ー	ケ	活	グ	喜	絵	読	陶
物	ャ	芸	び	撮	画	り	ッ	り	動	イ	読	活	法
写	動	陶	読	喜	動	喜	ト	ク	ェ	ジ	ブ	オ	ル

電池
ワイヤ
電気技師
電気
テレビ
発生器
ケーブル
ストレージ
ランプ
レーザー
磁石
通信網
オブジェクト
ソケット
電話

30 - Garten

魔	芸	読	ク	花	魔	釣	ャ	ー	画	画	喜	動	ャ
グ	パ	ハ	ル	ス	芸	真	シ	真	動	品	興	ン	撮
ク	画	影	ベ	ン	チ	イ	エ	魔	読	み	影	リ	釣
ゲ	び	釣	ャ	ェ	喜	ゲ	物	ャ	ゼ	ジ	狩	熊	陶
ジ	エ	ャ	シ	フ	ガ	レ	ー	ジ	狩	魔	画	手	真
写	狩	絵	び	ダ	絵	ト	ジ	芝	ゲ	書	編	キ	読
味	り	ゲ	物	ブ	ク	ャ	ラ	生	ー	狩	狩	イ	興
陶	興	興	ゲ	パ	ッ	ン	レ	ン	ム	撮	活	品	池
び	キ	味	ジ	編	モ	シ	木	レ	ポ	ジ	エ	ゼ	法
み	テ	ラ	ス	リ	ン	真	ュ	リ	パ	リ	釣	ジ	ゼ
ン	エ	シ	り	シ	ハ	り	エ	ゲ	ポ	書	ン	ズ	編
真	物	影	キ	画	写	グ	パ	ク	物	ー	撮	ホ	パ
土	グ	雑	草	狩	パ	レ	物	ド	ー	ャ	チ	ー	オ
影	園	ゼ	び	庭	ク	ム	法	パ	ク	編	び	ス	品

ベンチ
ブッシュ
ガレージ
ハンモック
オーチャード
芝生
熊手
シャベル
ホース
テラス
トランポリン
雑草
ポーチ
フェンス

31 - Antarktis

半	写	園	猟	狩	ハ	書	絵	喜	ー	ロ	ミ	ク	ジ
島	読	ル	真	芸	画	法	ム	み	猟	ッ	ネ	写	魔
動	真	び	絵	ク	写	リ	書	物	絵	キ	ラ	ジ	画
水	撮	り	シ	ズ	釣	び	キ	陶	レ	ー	ル	氷	ハ
ャ	撮	グ	ク	動	陶	ゲ	ズ	グ	園	喜	ン	ー	河
撮	魔	真	リ	ラ	ズ	狩	環	境	ハ	リ	釣	エ	ゼ
ル	遠	征	大	狩	喜	ン	真	イ	物	動	法	絵	キ
イ	活	絵	陸	び	レ	真	移	行	ベ	イ	シ	保	全
書	法	ク	味	シ	み	ル	ン	り	温	イ	芸	活	陶
興	ン	ゼ	エ	画	編	撮	編	ラ	度	シ	ャ	写	ン
物	ゲ	形	書	り	動	ズ	絵	編	キ	釣	ー	島	書
天	ラ	地	理	物	み	ズ	ー	釣	ル	魔	科	学	的
編	気	レ	ゲ	動	興	プ	ャ	ク	読	釣	絵	レ	グ
ハ	絵	シ	風	ラ	研	究	者	び	グ	ゲ	ー	ジ	狩

ベイ
保全
遠征
ロッキー
研究者
地理
氷河
半島
大陸
移行
ミネラル
温度
地形
環境
天気
科学的

32 - Fahren

ラ	イ	セ	ン	ス	エ	イ	バ	ト	ー	オ	事	魔	ム
り	ト	猟	真	ル	交	通	活	真	ン	ズ	故	編	猟
写	喜	ラ	ル	味	活	芸	画	品	モ	ネ	安	全	性
興	真	物	ッ	パ	ゼ	レ	ガ	速	度	ー	ル	品	陶
び	ゲ	味	物	ク	レ	ゼ	ス	危	ブ	地	タ	ジ	エ
ン	画	狩	車	写	び	ダ	バ	険	レ	図	ク	ー	品
品	ラ	キ	動	り	ダ	シ	ラ	物	ー	歩	法	レ	レ
ジ	猟	ャ	編	ゲ	読	編	撮	ダ	キ	行	ハ	ガ	ー
ラ	ル	真	ジ	影	び	レ	狩	ル	ク	者	編	編	園
読	リ	物	読	書	レ	燃	料	園	リ	リ	活	園	真
警	動	エ	プ	注	パ	り	興	影	び	ズ	ゼ	エ	り
察	写	狩	イ	意	園	陶	影	ジ	ン	ラ	画	法	ハ
ゲ	法	パ	魔	動	ハ	動	ル	ー	読	撮	法	猟	ジ
物	味	撮	真	編	読	撮	釣	品	興	芸	ゼ	び	芸

ブレーキ
燃料
バス
歩行者
ガレージ
ガス
危険
速度
地図
ライセンス
トラック
モーター
オートバイ
警察
安全性
トンネル
事故
交通
注意

33 - Physik

釣	プ	イ	ゲ	動	読	動	画	び	書	ー	ゲ	周	味
ゲ	ク	狩	活	ル	画	ー	エ	り	読	物	エ	波	喜
動	猟	リ	ン	魔	写	式	リ	リ	味	書	ン	数	磁
書	物	ャ	ズ	狩	み	シ	園	法	陶	シ	ジ	グ	気
エ	品	び	書	び	影	グ	品	ク	品	分	ン	ダ	ズ
み	活	粒	狩	プ	ジ	品	速	度	薬	子	ダ	ハ	園
活	イ	子	ャ	読	リ	ガ	ス	力	学	原	加	動	グ
び	リ	書	シ	狩	質	み	影	釣	化	真	速	釣	写
読	混	芸	絵	ゲ	リ	量	ユ	ニ	バ	ー	サ	ル	画
真	相	沌	み	パ	活	狩	法	エ	狩	撮	ズ	グ	影
陶	対	リ	ク	喜	編	猟	釣	ャ	ク	イ	ゼ	シ	エ
園	性	ゲ	味	ゲ	シ	真	写	興	園	芸	ハ	品	シ
ム	理	釣	撮	喜	核	写	画	編	味	電	ジ	ム	撮
プ	論	魔	ダ	動	ル	実	験	真	密	度	子	ゲ	み

原子
加速
混沌
化学薬品
密度
電子
実験
周波数
ガス
速度
磁気
質量
力学
分子
エンジン
粒子
相対性理論
ユニバーサル

34 - Bücher

プ	物	エ	ン	ョ	シ	ク	レ	コ	発	キ	イ	品	狩
イ	喜	魔	ピ	陶	み	リ	ジ	釣	明	ム	ジ	キ	ム
読	園	興	エ	ッ	ゼ	喜	ー	タ	ー	レ	ナ	著	者
ム	エ	プ	ダ	ム	ク	グ	ペ	ズ	文	リ	グ	ー	画
法	読	編	キ	ゲ	関	連	す	る	学	園	物	エ	影
小	芸	キ	ム	悲	劇	的	ム	詩	ゲ	味	イ	イ	活
説	ゼ	書	パ	ダ	イ	ゲ	品	読	ゲ	ゼ	ャ	芸	ズ
ム	喜	ズ	法	猟	ン	活	キ	編	び	り	イ	ズ	真
活	パ	喜	真	ラ	パ	冒	険	書	か	れ	た	読	書
釣	ス	イ	ズ	イ	猟	品	ズ	イ	ャ	レ	ン	者	ジ
二	り	ト	画	物	味	絵	動	ー	イ	ク	興	プ	編
重	喜	レ	ー	タ	ク	ラ	ャ	キ	ジ	品	ャ	編	釣
性	陶	ゲ	ラ	リ	ン	園	活	ダ	ユ	ー	モ	ラ	ス
活	書	歴	史	的	ー	芸	魔	狩	シ	ダ	パ	み	キ

冒険
著者
キャラクター
二重性
エピック
発明
ナレーター
ストーリー
書かれた
歴史的
ユーモラス
コレクション
読者
文学
関連する
小説
ページ
シリーズ
悲劇的

35 - Menschlicher Körper

園	ラ	釣	真	ラ	レ	画	ク	釣	グ	び	り	芸	釣
キ	画	ジ	ラ	ゼ	編	撮	リ	品	耳	ダ	編	キ	釣
ャ	ハ	血	写	ル	芸	狩	芸	陶	真	ハ	活	り	書
脳	口	陶	喜	興	物	胃	ク	影	ン	膝	パ	喜	ム
リ	法	顔	鼻	イ	舌	肘	ズ	ル	狩	心	臓	影	ャ
品	書	り	ジ	物	物	ハ	絵	頭	ズ	ゼ	芸	ー	釣
肩	レ	絵	指	ャ	園	ラ	猟	法	シ	撮	ク	狩	り
キ	喜	ダ	真	ジ	釣	画	ク	ー	び	ハ	魔	編	足
シ	書	エ	ゲ	リ	ン	画	猟	ャ	ー	ゼ	ー	肌	首
猟	リ	ゼ	陶	ズ	猟	リ	ズ	ゲ	味	喜	エ	リ	シ
写	猟	ム	ラ	影	釣	猟	ル	写	み	猟	書	パ	ル
影	パ	ゼ	狩	シ	ハ	芸	ム	写	ズ	味	ム	猟	影
品	真	陶	ゼ	ハ	顎	画	園	ダ	ン	プ	物	真	ル
ジ	ダ	猟	絵	リ	法	ャ	ン	味	手	編	ム	ラ	み

心臓　　　　　　足首

36 - Landschaften

写	品	び	喜	ツ	ジ	品	り	興	ン	ン	ビ	ズ	グ
リ	影	影	真	ン	ャ	写	画	キ	真	ー	陶	ー	撮
谷	ハ	イ	キ	ド	間	み	レ	レ	イ	リ	グ	読	チ
ゼ	り	書	活	ラ	活	欠	氷	山	火	氷	河	ラ	画
撮	興	ム	ゼ	り	画	ム	泉	プ	湾	ル	み	動	園
狩	写	園	ャ	ャ	園	品	陶	影	読	海	味	画	書
川	砂	漠	ゼ	動	喜	猟	パ	ャ	画	真	園	ゼ	ル
影	撮	沼	プ	真	写	イ	真	キ	ハ	み	び	品	魔
ダ	パ	魔	パ	パ	リ	ズ	洞	ク	画	丘	ャ	滝	り
絵	レ	法	動	島	興	ー	窟	絵	ャ	真	編	り	ゲ
釣	猟	狩	ー	エ	オ	ア	シ	ス	猟	釣	園	品	パ
芸	シ	活	半	狩	ズ	書	湖	狩	陶	読	ン	絵	び
キ	プ	影	島	画	物	キ	読	真	興	ン	リ	編	ム
園	ハ	ジ	絵	味	ハ	写	プ	パ	イ	イ	動	動	興

氷山
間欠泉
氷河
半島
洞窟
オアシス
ビーチ
ツンドラ
火山
砂漠

37 - Abenteuer

活	グ	熱	動	行	グ	ゲ	安	自	然	美	し	さ	ダ
真	動	画	意	き	品	ル	全	釣	ナ	喜	危	動	品
イ	ゼ	画	イ	先	ゼ	プ	性	動	ビ	ル	キ	険	活
ダ	動	猟	写	キ	エ	活	ク	ー	ゲ	絵	ク	キ	な
ン	み	喜	レ	写	び	み	キ	ク	ー	真	友	達	動
ム	読	活	活	陶	書	エ	ク	グ	シ	品	動	キ	機
釣	旅	程	影	活	法	活	ル	り	ョ	狩	園	シ	会
園	読	芸	魔	イ	イ	ダ	勇	気	ン	ゲ	活	喜	び
キ	興	活	ン	パ	動	エ	読	遠	足	キ	エ	画	写
新	着	ル	ャ	味	チ	編	パ	画	エ	編	品	絵	釣
法	陶	編	準	プ	ャ	ズ	困	味	味	影	撮	リ	エ
ク	物	グ	備	絵	ン	エ	難	ジ	ズ	珍	ク	シ	釣
画	編	味	パ	絵	ス	ン	レ	真	キ	し	喜	び	ハ
ダ	ム	ラ	ゲ	書	ゲ	園	物	イ	リ	い	影	画	ン

活動
遠足
熱意
チャンス
喜び
友達
危険な
機会
自然
ナビゲーション
新着
旅程
美しさ
困難
安全性
勇気
珍しい
準備
行き先

38 - Flugzeuge

動	絵	法	イ	雰	燃	動	味	活	ゲ	品	エ	バ	リ
ー	物	真	芸	囲	シ	料	シ	ジ	興	物	ー	ル	ク
び	画	ル	び	気	冒	ズ	興	芸	高	さ	パ	ー	ル
芸	読	ゼ	ー	エ	険	ゼ	写	編	画	物	ン	ン	ジ
真	品	シ	プ	ラ	ン	編	空	ラ	真	ン	読	シ	魔
キ	ト	ッ	ロ	イ	パ	ジ	気	膨	プ	釣	法	ー	喜
空	パ	物	ペ	み	ム	品	ン	ら	猟	キ	り	ラ	ゼ
物	活	法	ラ	物	画	編	ル	ま	パ	乱	流	魔	狩
リ	釣	書	撮	キ	リ	魔	み	せ	ズ	旅	ル	ャ	ー
ム	真	ズ	降	ゼ	計	み	グ	る	み	客	撮	歴	品
法	レ	ラ	下	建	設	エ	水	ャ	グ	画	リ	史	編
シ	狩	動	読	ル	物	絵	び	素	天	気	り	釣	パ
味	狩	ャ	リ	ダ	絵	リ	写	画	ゼ	魔	り	読	グ
釣	画	ラ	物	ゼ	画	リ	ジ	ー	法	魔	ゲ	猟	ズ

冒険
降下
雰囲気
膨らませる
バルーン
燃料
クルー
設計
歴史
高さ
建設
空気
エンジン
旅客
パイロット
プロペラ
乱流
水素
天気

39 - Haartypen

プ	影	グ	釣	ル	味	編	編	レ	ャ	ク	真	法	写
禿	芸	レ	ラ	ル	釣	ラ	頭	皮	写	レ	魔	シ	ラ
真	ゼ	ー	リ	ー	カ	ソ	フ	ト	ン	イ	み	プ	狩
書	ゼ	ニ	イ	カ	編	動	短	い	法	魔	ゼ	ク	活
プ	活	イ	ジ	パ	興	組	ャ	猟	ゼ	び	ハ	み	猟
ル	エ	ャ	撮	品	ム	芸	キ	り	影	ン	ゼ	イ	陶
エ	ク	シ	ク	ゲ	ジ	ャ	み	ク	り	リ	レ	レ	活
イ	興	法	ッ	編	ン	ジ	芸	レ	ゼ	キ	パ	絵	パ
釣	猟	ラ	ラ	有	画	シ	動	活	エ	写	ゲ	厚	ン
ド	ン	ロ	ブ	色	茶	芸	園	撮	ズ	レ	エ	リ	い
ジ	ラ	元	気	芸	エ	ラ	画	ハ	影	絵	興	パ	ズ
芸	プ	イ	芸	三	つ	編	み	法	喜	白	喜	ャ	活
魔	銀	写	み	物	薄	い	ズ	真	芸	い	物	ム	真
ズ	り	ゼ	び	陶	シ	味	絵	ゲ	喜	物	書	レ	み

ブロンド
茶色
厚い
薄い
有色
編組
元気
シャイニー
グレー
頭皮
短い
カール
カーリー
ブラック
ドライ
ソフト
白い
三つ編み

40 - Essen #1

び	魔	物	キ	キ	魔	ニ	活	み	ズ	シ	ズ	喜	キ
ク	び	編	ゲ	ー	活	撮	ン	モ	レ	芸	品	ー	撮
ゼ	魔	ジ	味	イ	動	陶	ジ	ニ	編	梨	法	に	ハ
動	レ	写	リ	撮	釣	シ	ュ	び	ク	ル	ミ	ん	ほ
ク	品	釣	び	ジ	絵	法	ー	ヒ	ー	コ	画	じ	う
砂	糖	読	ラ	キ	読	ス	ス	品	ジ	釣	び	ん	れ
ャ	狩	動	編	プ	び	プ	ー	肉	シ	ナ	モ	ン	ん
ー	芸	バ	絵	リ	ダ	パ	ハ	プ	レ	撮	編	ム	草
玉	葱	ジ	ダ	陶	興	エ	動	ラ	ズ	真	芸	品	猟
撮	苺	ル	サ	ラ	ダ	品	イ	塩	ゲ	書	ル	ゲ	シ
真	画	エ	ン	リ	絵	ラ	真	イ	ル	味	ム	り	園
ズ	ハ	芸	ゲ	読	イ	ャ	絵	園	絵	書	落	ル	ハ
猟	味	書	書	編	釣	カ	ツ	ナ	味	喜	花	画	キ
キ	み	編	ャ	ダ	狩	ブ	ル	絵	パ	エ	生	ム	ム

バジル
落花生
コーヒー
にんじん
ニンニク
ミルク
カブ
ジュース
サラダ
ほうれん草
スープ
ツナ
シナモン
レモン
砂糖
玉葱

41 - Ethik

ン	ー	法	思	パ	狩	み	法	利	活	園	魔	ラ	物
グ	喜	ゲ	い	レ	ラ	ル	狩	他	リ	キ	ー	写	園
写	ラ	書	や	ル	性	ー	み	主	み	ア	ル	ル	ル
園	絵	ク	り	芸	合	理	性	義	読	合	リ	釣	書
書	み	影	品	類	整	キ	撮	哲	絵	法	理	ズ	陶
活	親	切	個	人	主	義	尊	学	リ	真	正	的	ム
ャ	レ	芸	ハ	ラ	リ	ル	厳	み	絵	ゲ	直	猟	パ
影	ャ	画	ル	陶	ム	イ	外	ャ	ジ	み	芸	び	リ
品	絵	ダ	シ	シ	品	編	交	協	力	魔	芸	喜	り
ダ	グ	活	シ	活	真	シ	ジ	ャ	リ	イ	ク	キ	喜
味	喜	ジ	ル	プ	み	狩	ム	猟	撮	釣	法	ゲ	イ
プ	知	リ	ダ	魔	り	ハ	楽	絵	ル	ー	品	忍	キ
読	ゲ	恵	物	真	ゼ	影	観	画	工	猟	真	耐	ハ
リ	値	影	動	グ	ル	ル	喜	釣	ク	ム	イ	び	興

利他主義
外交
正直
親切
忍耐
個人主義
整合性
人類
思いやり
楽観
哲学
合理性
リアリズム
合理的
知恵
尊厳
協力

42 - Gebäude

納	屋	陶	ゼ	物	ス	タ	ジ	ア	ム	研	究	室	ル
釣	ゲ	天	猟	画	芸	タ	ー	キ	エ	ト	ム	ズ	法
キ	書	猟	文	パ	プ	ワ	レ	リ	パ	ン	味	イ	味
興	品	工	読	台	品	ー	ガ	ホ	ス	テ	ル	ム	キ
ル	ー	プ	動	ズ	ラ	猟	絵	興	び	園	テ	み	ャ
大	芸	影	ラ	法	活	ラ	キ	ム	び	ハ	ホ	病	ビ
ム	使	品	陶	法	レ	キ	園	シ	ン	陶	レ	院	ン
味	び	館	品	パ	グ	び	喜	ネ	ン	狩	喜	ー	ゲ
み	り	ー	法	み	ズ	品	ダ	マ	ズ	パ	物	猟	大
ゼ	書	読	ダ	園	ハ	り	工	園	絵	び	キ	校	学
ー	レ	陶	ハ	品	芸	農	場	場	ク	リ	動	キ	動
法	ズ	り	ラ	編	み	書	劇	リ	博	撮	絵	グ	真
ス	ー	パ	ー	マ	ー	ケ	ッ	ト	物	ズ	ー	書	レ
真	動	興	ク	絵	撮	グ	ゼ	キ	館	イ	狩	ゼ	ャ

農場
大使館
工場
ガレージ
ホステル
ホテル
キャビン
シネマ
病院
研究室
博物館
天文台
納屋
学校
スタジアム
スーパーマーケット
劇場
タワー
大学
テント

43 - Mode

真	魔	ブ	オ	キ	ズ	エ	エ	喜	び	イ	喜	物	レ
興	ル	テ	び	リ	読	狩	リ	レ	影	ダ	ジ	パ	絵
手	読	ィ	動	物	ジ	び	リ	陶	ガ	ズ	リ	リ	ム
頃	喜	ッ	高	価	な	ナ	ン	ボ	陶	ン	ダ	モ	衣
な	園	ク	レ	ー	ス	活	ル	タ	猟	ー	ト	ゲ	類
価	快	適	レ	ン	狩	パ	ャ	ン	猟	タ	刺	み	読
格	シ	猟	ゲ	写	レ	狩	活	絵	ャ	パ	撮	繍	活
釣	園	ズ	画	レ	ル	法	シ	画	影	画	ミ	味	イ
ト	レ	ン	ド	猟	狩	魔	編	園	パ	び	ニ	物	動
リ	写	絵	編	シ	ー	テ	ク	ス	チ	ャ	マ	書	喜
狩	キ	法	ゼ	生	地	エ	ラ	撮	イ	実	リ	ル	ク
狩	シ	ズ	プ	洗	練	さ	れ	た	物	用	ス	ク	読
ス	タ	イ	ル	シ	陶	パ	味	釣	グ	的	ト	ラ	狩
グ	猟	芸	活	キ	魔	り	ー	書	ー	魔	ル	狩	り

洗練された
ブティック
エレガント
手頃な価格
衣類
快適
ミニマリスト
モダン
パターン
オリジナル
実用的
レース
刺繍
スタイル
生地
ボタン
高価な
テクスチャ
トレンド

44 - Essen #2

ヨ	撮	ゲ	品	グ	プ	陶	釣	釣	読	グ	編	ャ	ラ
ー	興	ャ	絵	品	ム	魔	味	ス	ガ	ラ	パ	ス	ア
グ	芸	ア	ー	テ	ィ	チ	ョ	ー	ク	プ	ン	陶	真
ル	猟	ム	書	ル	ト	マ	ト	猟	魚	芸	狩	イ	ゼ
ト	ハ	茄	ク	興	ー	み	真	品	レ	読	チ	リ	み
ブ	撮	絵	子	ム	レ	ー	真	魔	ド	ン	モ	ー	ア
ロ	り	プ	物	園	コ	チ	ェ	リ	ー	エ	園	法	ズ
ッ	エ	猟	び	撮	ョ	ダ	イ	ロ	パ	撮	び	ン	ャ
コ	み	味	ジ	陶	チ	猟	芸	セ	キ	ジ	シ	物	園
リ	ア	バ	ャ	キ	ノ	コ	小	麦	ン	活	卵	品	シ
ー	ッ	エ	ナ	キ	読	キ	び	動	ー	米	り	ャ	リ
ハ	プ	猟	ム	ナ	興	プ	び	ラ	物	釣	び	シ	動
ム	ル	芸	法	ハ	ー	レ	芸	ン	び	園	写	真	動
エ	絵	写	リ	キ	釣	編	エ	ゲ	キ	み	写	画	プ

アップル
アーティチョーク
茄子
バナナ
ブロッコリー
パン
ヨーグルト
チーズ
チェリー
アーモンド
キノコ
ハム
チョコレート
セロリ
アスパラガス
トマト
小麦

45 - Energie

真	キ	ズ	書	キ	影	興	ハ	ム	写	熱	味	品	ー
レ	ハ	写	味	物	ム	ム	レ	芸	ャ	り	狩	ズ	味
真	編	環	核	味	工	動	び	み	活	ー	シ	動	イ
ー	み	境	編	水	編	猟	ダ	パ	物	プ	園	ハ	イ
ル	影	活	ャ	素	物	ル	ゼ	み	興	品	グ	影	読
ズ	風	編	興	業	炭	ゼ	ハ	び	レ	キ	興	猟	芸
活	パ	ャ	魔	界	タ	ー	ビ	ン	ジ	ン	汚	ジ	釣
ハ	ー	プ	光	子	ン	ィ	り	リ	グ	び	猟	染	エ
狩	ー	写	物	ダ	ン	デ	影	ソ	燃	料	法	画	ン
太	陽	ラ	撮	狩	影	編	ゲ	ガ	再	生	可	能	ト
リ	ラ	真	影	品	活	リ	気	電	ハ	狩	ル	リ	ロ
ズ	狩	影	撮	ダ	ダ	レ	ム	子	陶	真	影	読	ピ
ラ	リ	キ	モ	ー	タ	ー	電	狩	ラ	絵	ム	芸	ー
編	読	活	品	芸	レ	味	池	魔	猟	編	ラ	グ	画

電池
ガソリン
燃料
ディーゼル
電気
電子
エントロピー
再生可能
業界
炭素
モーター
光子
太陽
タービン
環境
汚染
水素

46 - Familie

釣	び	興	お	グ	ン	み	イ	母	性	ズ	ム	魔	猟
写	イ	妻	ば	イ	イ	書	キ	活	ゲ	レ	芸	ャ	ジ
物	書	狩	あ	読	ー	陶	ゲ	喜	ジ	ル	シ	物	兄
り	撮	び	ち	ン	グ	ャ	物	品	味	ゲ	法	み	弟
喜	釣	読	ゃ	み	味	り	品	園	ダ	ダ	書	ー	絵
絵	ン	真	ん	動	パ	ル	娘	パ	エ	ル	陶	エ	シ
書	ャ	味	頃	レ	ル	ン	シ	釣	読	プ	キ	シ	喜
り	り	画	の	夫	ル	ー	ン	パ	興	狩	ジ	姪	ク
ズ	エ	画	供	方	猟	子	供	び	園	書	芸	叔	真
り	ジ	シ	子	祖	父	叔	画	喜	ー	プ	画	ャ	母
影	み	い	と	こ	姉	動	興	祖	先	シ	編	レ	芸
り	編	キ	ム	影	猟	妹	猟	編	甥	真	写	イ	喜
猟	編	品	書	編	興	写	キ	ゼ	ン	活	ク	孫	陶
ハ	画	ャ	ラ	園	リ	母	芸	ル	絵	ャ	ハ	ン	園

兄弟
おばあちゃん
祖父
子供
子供の頃
母性

叔父
姉妹
叔母
父方の
いとこ
祖先

47 - Pflanzen

花	興	ャ	シ	影	ゼ	花	ダ	根	ン	ゲ	サ	蔦	り
写	弁	ブ	喜	グ	ダ	生	植	物	学	ブ	ボ	り	グ
フ	ロ	ー	ラ	木	レ	レ	興	豆	プ	ッ	テ	釣	ゲ
プ	喜	ハ	動	陶	影	ム	プ	影	ラ	シ	ン	エ	グ
ル	シ	ハ	読	ゼ	真	苔	ゲ	園	影	ュ	ジ	プ	魔
物	書	画	釣	ー	ャ	釣	書	興	影	読	ム	り	品
魔	ダ	ズ	ク	物	ー	み	編	ハ	ゼ	書	園	ジ	ル
エ	真	味	写	活	芸	興	ダ	ャ	ャ	影	画	画	グ
喜	ン	森	竹	ム	動	レ	喜	ン	草	ン	編	喜	キ
影	ン	動	編	写	園	ラ	興	イ	撮	ベ	撮	肥	グ
葉	エ	ー	芸	真	ハ	陶	喜	庭	ダ	リ	ル	絵	料
釣	撮	り	法	ル	び	び	喜	ャ	品	ー	真	絵	グ
ャ	狩	写	ム	写	パ	ダ	グ	味	動	パ	エ	写	狩
キ	画	ラ	撮	レ	エ	プ	び	釣	ダ	ャ	味	芸	絵

ベリー
花弁
植物学
ブッシュ
肥料
フローラ
サボテン
ハーブ
植生

48 - Kunst

レ	ダ	影	活	喜	味	活	味	園	喜	イ	読	イ	ズ
構	成	ル	狩	ャ	活	レ	り	真	ム	ム	喜	ン	ー
パ	グ	ム	ジ	真	ゲ	ル	物	撮	影	キ	狩	ス	み
ラ	魔	絵	ス	ク	エ	ジ	ク	繁	編	ン	編	パ	法
味	魔	イ	ビ	リ	ジ	キ	シ	雑	画	ハ	芸	イ	正
気	分	シ	ジ	狩	ア	狩	ン	品	み	読	り	ヤ	直
描	く	エ	ュ	編	シ	レ	ボ	画	プ	喜	狩	さ	読
陶	ハ	書	ア	詩	ゲ	物	ル	影	園	グ	シ	れ	り
魔	プ	ン	ル	書	釣	味	ナ	ュ	キ	園	絵	た	書
個	ダ	プ	味	イ	陶	ャ	ジ	読	シ	イ	画	猟	釣
ハ	人	セ	ラ	ミ	ッ	ク	リ	イ	ル	ャ	真	釣	品
陶	ム	的	ズ	園	ズ	エ	オ	ダ	書	表	現	彫	刻
リ	喜	品	釣	作	グ	真	法	撮	ル	件	名	ダ	喜
魔	ゼ	影	グ	画	成	ム	書	ク	パ	読	影	動	園

表現
正直
件名
絵画
インスパイヤされた
セラミック
繁雑
オリジナル
個人的
描く
作成
彫刻
気分
シュルレアリスム
シンボル
ビジュアル
構成

49 - Gewürze

リ	ー	プ	リ	ダ	パ	リ	パ	ー	ク	苦	い	芸	味
法	リ	品	ン	品	芸	エ	プ	グ	撮	狩	グ	イ	狩
品	絵	影	狩	ゲ	猟	シ	リ	味	パ	猟	み	ク	猟
シ	ョ	ウ	ガ	玉	画	絵	カ	り	撮	ナ	撮	喜	リ
み	ク	カ	ラ	葱	法	ゼ	法	撮	物	ツ	グ	び	味
ジ	絵	レ	リ	絵	撮	カ	物	ャ	味	メ	動	味	書
画	品	ー	ワ	サ	ハ	ダ	ル	法	編	グ	興	ル	味
活	法	ー	ル	猟	グ	活	影	ダ	び	レ	書	ゼ	ウ
ク	ロ	ー	ブ	フ	活	ラ	リ	り	モ	編	活	リ	ョ
撮	画	シ	影	塩	ェ	イ	法	り	撮	ン	モ	ナ	シ
グ	ス	影	ゼ	ダ	ャ	ン	園	甘	ゲ	ラ	ニ	バ	コ
味	ニ	ン	ニ	ク	甘	ラ	ネ	い	ー	フ	キ	品	興
み	ア	り	画	猟	ジ	草	書	ル	絵	サ	シ	猟	リ
プ	味	み	陶	パ	影	読	リ	シ	エ	味	影	活	び

アニス
苦い
カレー
フェンネル
ショウガ
カルダモン
ニンニク
甘草
ナツメグ
クローブ
パプリカ
コショウ
サフラン
サワー
甘い
バニラ
シナモン
玉葱

50 - Kreativität

ャ	自	興	イ	ル	狩	プ	ジ	興	写	シ	リ	絵	ー
ゼ	発	狩	ン	表	ム	イ	興	喜	シ	ダ	ン	び	狩
釣	真	撮	ス	び	現	ビ	魔	喜	び	レ	ジ	撮	イ
動	プ	ム	ピ	グ	猟	ジ	び	明	ダ	興	流	工	画
ム	覚	画	レ	真	品	ョ	ゲ	快	影	陶	動	ラ	物
発	感	ジ	ー	強	度	ン	品	釣	動	ジ	性	印	象
明	情	真	シ	園	び	ル	書	イ	ム	直	劇	的	ャ
ジ	レ	ハ	ョ	グ	キ	ダ	ー	イ	ゼ	魔	感	法	影
書	動	動	ン	ジ	り	信	活	絵	魔	動	想	像	力
陶	シ	影	芸	術	的	憑	ス	ャ	影	み	ン	活	画
ム	物	撮	ー	り	ン	性	キ	陶	喜	ャ	真	書	魔
陶	ジ	レ	法	釣	画	画	ル	ー	品	物	活	読	影
真	動	猟	ム	法	工	釣	ア	イ	デ	ア	力	画	グ
イ	法	キ	読	イ	ジ	ラ	読	パ	ダ	り	撮	ゼ	書

表現
信憑性
画像
劇的
印象
発明
スキル
流動性
感情
アイデア
インスピレーション
強度
直感
明快
芸術的
想像力
感覚
自発
ビジョン
活力

51 - Geschäft

読	影	ル	編	画	雇	用	者	取	引	芸	ゲ	お	金
キ	書	税	狩	芸	編	費	ム	読	び	キ	写	み	活
ズ	絵	ラ	金	ラ	レ	投	マ	ネ	ー	ジ	ャ	ー	ジ
パ	釣	猟	エ	ズ	シ	資	イ	法	喜	ム	キ	狩	店
編	プ	ル	品	読	法	喜	法	写	ー	り	エ	エ	読
ハ	パ	ズ	従	釣	リ	び	り	書	ズ	ル	ル	読	学
ャ	ダ	真	読	業	レ	み	販	売	撮	通	魔	エ	済
狩	陶	絵	影	ゲ	員	エ	リ	書	味	貨	ゼ	釣	経
活	予	算	利	ク	パ	ジ	喜	工	味	イ	シ	陶	歴
魔	釣	ゼ	割	益	ゲ	活	レ	場	物	書	び	影	撮
狩	み	写	引	ク	画	品	味	オ	フ	ィ	ス	魔	法
所	ム	活	ム	商	読	レ	ル	ン	園	陶	ン	ャ	陶
得	味	興	物	品	エ	芸	ー	影	撮	ジ	動	ン	真
シ	ズ	猟	グ	ル	リ	ジ	活	喜	ジ	喜	ジ	書	プ

雇用者
予算
オフィス
所得
工場
お金
利益
投資
経歴
費用

マネージャー
従業員
割引
税金
取引
販売
商品
通貨
経済学

52 - Ingenieurwesen

デ	シ	イ	編	ハ	レ	撮	影	猟	物	建	ー	ゼ	活
図	ィ	読	強	ゲ	画	キ	ク	味	プ	設	ゲ	ゲ	品
動	興	ー	さ	ー	シ	ン	ム	猟	書	物	狩	プ	エ
ゲ	釣	陶	ゼ	書	動	ゲ	キ	ム	ダ	釣	プ	喜	レ
活	イ	プ	真	ル	り	釣	み	構	造	グ	キ	ハ	キ
エ	ャ	ム	絵	イ	活	絵	影	み	書	写	活	イ	リ
キ	ネ	猟	び	釣	ク	ク	撮	ム	み	法	ャ	リ	ー
エ	グ	ル	ア	芸	物	分	書	釣	ル	ン	ズ	画	法
魔	ー	み	ギ	編	物	布	読	測	定	ル	活	活	品
軸	画	ズ	興	ー	モ	ー	タ	ー	釣	り	ャ	絵	画
レ	バ	ー	深	さ	み	写	ジ	味	絵	味	編	園	ー
び	機	械	真	み	ズ	ダ	喜	芸	法	安	魔	直	イ
シ	び	法	喜	キ	角	度	リ	推	進	陶	定	径	味
イ	液	体	計	算	画	釣	魔	品	ダ	ハ	ゲ	性	ク

推進
計算
ディーゼル
直径
エネルギー
液体
ギア
レバー
建設
機械
測定
モーター
安定性
強さ
構造
深さ
分布
角度

53 - Kaffee

イ	書	撮	プ	フ	ャ	酸	み	法	ー	挽	ジ	釣	釣
写	ャ	撮	ズ	ィ	猟	性	陶	香	り	く	ズ	園	陶
ム	書	砂	糖	ル	ャ	物	撮	ー	り	活	絵	キ	釣
法	イ	ム	活	タ	ブ	陶	読	パ	ダ	リ	釣	芸	影
編	法	釣	ー	ー	ラ	ダ	ゼ	園	撮	画	ハ	狩	パ
ャ	水	釣	味	リ	ッ	パ	品	ム	真	グ	法	画	み
朝	ゼ	法	釣	ャ	ク	魔	ク	魔	リ	リ	ン	ク	味
ジ	ハ	狩	釣	編	ム	書	釣	ク	絵	ズ	び	ー	撮
価	魔	キ	法	ズ	品	動	編	ャ	ゼ	絵	ミ	ル	ク
格	元	法	リ	書	影	喜	キ	プ	興	液	編	真	ン
絵	プ	園	書	ズ	園	ー	ム	ッ	写	体	ル	陶	パ
ラ	ー	ゼ	書	ゼ	ャ	真	キ	カ	フ	ェ	イ	ン	猟
編	ハ	喜	法	レ	狩	苦	芸	飲	興	リ	品	ー	ャ
シ	ャ	編	画	撮	活	び	い	料	写	芸	園	プ	編

香り
苦い
クリーム
フィルター
液体
飲料
カフェイン
挽く
ミルク
価格
酸性
ブラック
カップ
砂糖

54 - Gemüse

ゲ	り	魔	影	影	シ	魔	猟	狩	オ	ニ	活	喜	品
キ	ー	釣	イ	パ	ョ	リ	ム	ク	リ	ク	ン	喜	プ
ノ	書	喜	品	ラ	ウ	ド	ン	エ	ー	法	ル	ニ	ゲ
コ	法	り	り	ジ	ガ	り	レ	パ	ブ	エ	ゲ	ム	ク
サ	シ	グ	ャ	グ	興	活	ラ	写	玉	葱	画	釣	ー
ラ	ブ	ロ	ッ	コ	リ	ー	び	ゼ	ダ	セ	物	真	ョ
ダ	み	釣	イ	味	イ	パ	陶	影	芸	ロ	喜	写	チ
興	レ	動	写	レ	絵	ジ	ゼ	撮	真	リ	セ	パ	ィ
キ	ュ	ウ	リ	写	に	ル	イ	喜	シ	グ	ラ	レ	テ
味	絵	ャ	真	読	草	ん	れ	う	ほ	カ	ブ	影	ー
り	イ	絵	も	い	が	ゃ	じ	書	み	プ	ト	興	ア
リ	猟	喜	み	園	画	ち	ぜ	ん	画	芸	園	マ	シ
カ	リ	フ	ラ	ワ	ー	ぼ	パ	茄	子	ゼ	パ	イ	ト
ゼ	真	エ	レ	エ	エ	か	法	陶	魔	撮	写	グ	ハ

アーティチョーク
茄子
カリフラワー
ブロッコリー
エンドウ
キュウリ
ショウガ
にんじん
じゃがいも
ニンニク
かぼちゃ
オリーブ
パセリ
キノコ
カブ
サラダ
セロリ
ほうれん草
トマト
玉葱

55 - Schönheit

芸	鏡	影	プ	シ	ロ	レ	猟	ラ	釣	写	狩	写	芸
り	優	イ	パ	ャ	ム	紅	ャ	ク	ラ	ム	芸	ル	キ
ム	雅	色	書	ン	ル	プ	ダ	キ	エ	り	ル	り	読
興	釣	魅	力	プ	オ	化	陶	パ	ム	キ	ル	芸	影
撮	シ	画	エ	ー	イ	粧	ゲ	ゼ	狩	品	興	写	み
物	猟	ン	ハ	ダ	ル	品	真	ム	真	ダ	み	陶	ズ
ズ	ハ	リ	物	シ	ー	シ	魔	書	味	ゼ	プ	り	香
陶	シ	画	び	ラ	カ	ス	マ	シ	魔	ゼ	製	品	り
フ	ォ	ト	ジ	ェ	ニ	ッ	ク	び	芸	影	ー	動	エ
真	ジ	魔	写	陶	リ	ダ	魔	園	パ	影	園	肌	イ
ダ	ラ	ル	び	動	レ	ム	び	釣	ク	キ	み	味	ジ
エ	レ	ガ	ン	ト	物	は	ゲ	写	ン	ャ	読	園	味
魔	活	ダ	サ	ー	ビ	ス	さ	園	キ	読	画	撮	イ
書	イ	ス	タ	イ	リ	ス	ト	み	び	ハ	動	ラ	ム

魅力
サービス
香り
エレガント
優雅
フォトジェニック
化粧品
口紅
カール
オイル
製品
はさみ
シャンプー
スタイリスト
マスカラ

56 - Ernährung

プ	興	ゲ	元	画	絵	ク	ル	キ	釣	編	ダ	み	プ
健	康	ー	気	カ	ロ	リ	ー	パ	び	食	用	真	絵
法	品	重	さ	み	味	ハ	プ	キ	エ	ク	魔	ジ	ゼ
び	レ	エ	狩	法	読	魔	プ	画	ハ	パ	ジ	発	絵
ハ	ハ	レ	影	ル	魔	ラ	釣	ル	興	ー	部	酵	イ
ダ	真	園	釣	編	写	ム	釣	キ	興	ラ	分	動	プ
興	狩	品	写	キ	グ	び	ジ	読	ゼ	写	興	苦	イ
ン	活	法	真	ラ	プ	ズ	活	イ	エ	シ	ズ	い	エ
写	興	ゲ	ジ	ダ	イ	エ	ッ	ト	リ	猟	み	絵	園
エ	撮	物	び	タ	ス	ビ	炭	水	化	物	ソ	ダ	編
パ	ー	真	画	び	ン	プ	タ	ジ	ー	消	ー	魔	ー
食	欲	栄	養	素	ラ	パ	編	ミ	パ	品	ス	ン	キ
釣	ラ	ル	ル	毒	バ	物	ク	ー	ン	り	釣	ャ	シ
リ	撮	真	パ	読	芸	陶	書	質	品	ー	品	ン	狩

食欲
バランス
苦い
ダイエット
食用
発酵
元気
健康
重さ
カロリー
炭水化物
栄養素
部分
タンパク質
品質
ソース
毒素
消化
ビタミン

57 - Länder #1

イ	物	セ	魔	ハ	画	ド	ン	イ	パ	法	パ	ハ	喜
ル	タ	園	ネ	興	猟	ニ	写	ス	ド	イ	ツ	ー	ゼ
ー	狩	リ	ゲ	ガ	ー	カ	編	ラ	カ	ン	ボ	ジ	ア
マ	ゲ	物	ア	ー	ル	ラ	ャ	エ	ダ	動	エ	マ	ビ
ニ	カ	活	法	ゼ	写	グ	活	ル	書	び	興	リ	ト
ア	ナ	キ	ゲ	ム	イ	ア	ポ	ー	ラ	ン	ド	み	ラ
ス	ダ	書	キ	ナ	園	ゼ	読	狩	ャ	猟	興	読	園
ペ	エ	ジ	プ	ト	プ	法	パ	ー	編	興	ダ	物	エ
イ	法	絵	法	ベ	エ	ハ	ャ	園	物	法	ダ	り	絵
ン	動	喜	狩	ブ	フ	ィ	ン	ラ	ン	ド	猟	リ	物
猟	魔	陶	レ	ラ	画	陶	釣	ル	イ	ャ	品	レ	り
ゼ	ズ	影	グ	ジ	ノ	ル	ウ	ェ	ー	ラ	読	シ	イ
ダ	ジ	び	ャ	ル	味	び	グ	ジ	真	ン	ク	ズ	園
ベ	ネ	ズ	エ	ラ	読	レ	リ	撮	リ	動	ャ	ク	味

エジプト
ブラジル
ドイツ
フィンランド
インド
イラク
イスラエル
イタリア
カンボジア
カナダ
ラトビア
マリ
ニカラグア
ノルウェー
ポーランド
ルーマニア
セネガル
スペイン
ベネズエラ
ベトナム

58 - Technologie

ル	真	ハ	ャ	撮	真	活	統	計	安	全	編	書	ン
画	面	撮	シ	園	釣	陶	グ	ジ	絵	ゲ	レ	ズ	シ
ブ	ラ	ウ	ザ	品	プ	プ	書	ゼ	味	園	り	シ	真
み	メ	法	び	ゼ	園	活	ル	イ	ァ	フ	物	魔	物
画	カ	び	撮	ク	猟	品	タ	ー	ュ	ピ	ン	コ	ズ
イ	ハ	フ	メ	ッ	セ	ー	ジ	ジ	み	リ	キ	レ	魔
み	釣	ラ	ォ	パ	真	編	デ	陶	魔	ズ	動	画	撮
猟	芸	ル	レ	ン	ン	写	活	デ	エ	狩	猟	陶	絵
真	陶	ア	ェ	ウ	ト	フ	ソ	カ	ー	ウ	イ	ル	ス
ン	ゼ	画	画	喜	イ	ト	ッ	ネ	ー	タ	ン	イ	味
キ	品	猟	ン	ャ	バ	撮	読	キ	み	ソ	研	究	ブ
品	読	仮	ラ	影	猟	園	グ	編	活	狩	ル	ダ	ロ
動	ハ	想	品	ャ	芸	り	プ	ジ	イ	芸	リ	芸	グ
グ	品	画	釣	画	喜	編	ム	パ	ラ	法	グ	レ	品

画面
ブログ
ブラウザ
バイト
コンピュータ
カーソル
ファイル
データ
デジタル
研究
インターネット
カメラ
メッセージ
フォント
安全
ソフトウェア
統計
仮想
ウイルス

59 - Wasser

ゼ	プ	釣	ズ	間	イ	陶	写	ム	興	み	編	モ	品
シ	ャ	ワ	ー	欠	ル	レ	絵	活	蒸	プ	真	ン	運
動	活	プ	グ	泉	ラ	芸	氷	蒸	発	気	レ	ス	河
飲	め	る	リ	イ	ハ	ゼ	読	灌	り	動	魔	ー	写
み	絵	写	絵	動	釣	湿	ズ	ズ	漑	工	編	ン	ャ
ラ	ラ	ー	興	猟	ゲ	画	度	影	ム	陶	波	撮	芸
陶	釣	ハ	湿	っ	た	味	写	り	ム	レ	シ	味	物
工	動	リ	活	り	狩	写	影	エ	グ	ン	狩	ャ	雨
海	洋	ケ	魔	ク	ン	リ	編	レ	魔	釣	釣	物	び
味	レ	ー	ハ	み	物	み	興	レ	り	レ	ハ	喜	り
猟	芸	ン	ル	ゼ	活	品	ル	法	真	雪	ャ	法	編
ジ	ム	ズ	活	ジ	ダ	釣	ジ	シ	編	真	動	芸	品
魔	喜	編	陶	興	シ	エ	び	興	ム	写	法	釣	ン
川	湖	写	芸	洪	水	喜	編	影	活	ラ	品	霜	法

灌漑
蒸気
シャワー
湿った
湿度
洪水
間欠泉
ハリケーン
運河
モンスーン
海洋
飲める
蒸発

60 - Science Fiction

虚	イ	味	魔	火	真	ン	イ	レ	書	グ	書	釣	キ
数	エ	釣	エ	編	ダ	ル	エ	ー	動	籍	ー	イ	み
シ	ナ	リ	オ	動	読	み	釣	味	ゲ	芸	世	リ	喜
ル	み	ゼ	み	ー	ハ	ク	活	動	ー	釣	界	ュ	猟
現	パ	神	ジ	書	味	釣	ャ	ム	ア	ピ	ト	ー	ユ
実	エ	秘	化	学	薬	品	シ	狩	ピ	リ	ッ	ジ	興
的	エ	的	ズ	読	興	真	ネ	エ	ト	パ	ボ	ョ	爆
銀	来	な	書	グ	ン	陶	マ	イ	ス	編	ロ	ン	発
河	品	未	撮	ズ	プ	グ	ズ	陶	ィ	活	撮	ル	写
狩	ゼ	キ	ゼ	狩	技	ク	ゼ	ー	デ	ラ	キ	び	画
狩	リ	シ	ズ	品	狩	術	活	ム	写	オ	エ	ハ	り
編	シ	シ	書	レ	喜	興	イ	ク	エ	ラ	キ	撮	プ
パ	興	り	プ	び	猟	猟	園	ャ	イ	ク	惑	星	品
動	活	リ	物	撮	素	晴	ら	し	い	ル	編	活	グ

書籍
化学薬品
ディストピア
爆発
素晴らしい
未来的
銀河
神秘的な
イリュージョン
虚数
シネマ
オラクル
惑星
現実的
ロボット
シナリオ
技術
ユートピア
世界

61 - Haustiere

プ	プ	ー	犬	子	牛	真	魔	ダ	み	園	ル	撮	ラ
レ	シ	ラ	園	猫	陶	ラ	う	ャ	ン	物	編	品	キ
み	狩	陶	ジ	ジ	ズ	喜	さ	写	び	絵	び	芸	ム
ハ	り	書	グ	ム	狩	り	ぎ	レ	魔	撮	獣	医	パ
キ	ム	リ	興	プ	写	み	園	活	味	書	キ	び	り
興	ジ	ス	ラ	爪	編	ン	動	陶	ト	リ	食	べ	物
イ	ね	び	タ	動	パ	動	び	真	カ	陶	ダ	魔	狩
喜	ず	ジ	ャ	ー	画	ヤ	プ	真	ゲ	犬	ン	工	狩
絵	み	ゲ	グ	り	味	ギ	魔	影	影	興	喜	興	レ
カ	メ	襟	ジ	書	法	陶	猟	り	絵	真	法	読	釣
釣	魚	ジ	活	写	イ	リ	ズ	喜	活	ル	写	グ	ン
み	真	ー	猫	イ	動	ク	法	イ	芸	ズ	水	品	画
イ	物	絵	狩	イ	狩	足	び	喜	キ	ク	写	味	書
ム	ズ	法	尾	活	興	真	書	オ	ウ	ム	絵	物	レ

トカゲ
食べ物
ハムスター
うさぎ
子猫
ねずみ

オウム
カメ
獣医
子犬
ヤギ

62 - Literatur

陶	キ	パ	キ	影	リ	キ	釣	ャ	ン	ャ	キ	動	リ
品	芸	イ	芸	影	類	著	エ	ム	動	エ	ス	芸	キ
ナ	レ	ー	タ	ー	推	者	画	説	分	析	タ	写	興
り	魔	釣	ク	ム	法	物	編	明	読	キ	イ	絵	釣
魔	悲	伝	び	影	び	ン	プ	物	品	パ	ル	絵	ハ
撮	劇	ム	記	比	較	ダ	り	プ	ル	画	活	ャ	ダ
レ	ク	猟	び	ン	写	園	園	絵	グ	ム	興	味	フ
物	み	釣	園	キ	ラ	陶	編	絵	魔	ダ	み	魔	ィ
陶	ー	狩	法	ダ	動	レ	キ	キ	パ	り	活	活	ク
ハ	エ	パ	芸	ハ	動	釣	ル	絵	影	ズ	味	魔	シ
対	話	ャ	ラ	写	リ	ム	グ	グ	猟	レ	テ	キ	ョ
リ	逸	活	詩	リ	ズ	ム	キ	ゲ	読	小	説	ー	ン
狩	編	真	ク	的	ム	キ	み	ラ	画	結	論	比	マ
味	ダ	韻	品	釣	影	興	レ	ジ	芸	レ	ク	喩	魔

類推
分析
逸話
著者
説明
伝記
対話
ナレーター
フィクション

比喩
詩的
リズム
小説
結論
スタイル
テーマ
悲劇
比較

63 - Wandern

読	真	イ	り	ク	み	ガ	絵	ラ	ル	ク	園	芸	撮
プ	ン	ャ	キ	ゼ	喜	イ	品	撮	サ	り	魔	狩	芸
レ	ョ	ム	水	園	写	ド	イ	狩	ミ	ャ	撮	興	プ
ク	シ	品	狩	レ	編	ャ	ラ	喜	ッ	石	み	太	絵
ブ	ー	ツ	狩	ー	ダ	ン	準	備	ト	写	園	ム	陽
重	テ	動	候	山	ャ	芸	び	芸	ハ	書	ゲ	園	動
い	ン	天	気	レ	み	ン	ジ	品	園	ル	ハ	ラ	り
イ	エ	疲	れ	た	グ	陶	び	味	ャ	喜	真	シ	芸
釣	リ	ゼ	キ	公	ン	動	絵	ゲ	り	パ	び	み	グ
陶	オ	動	ム	園	シ	猟	ャ	シ	ラ	ー	画	影	ャ
動	リ	喜	ラ	ム	り	ン	魔	品	ン	シ	撮	レ	味
活	物	物	み	ャ	レ	レ	芸	影	エ	野	崖	プ	プ
猟	釣	魔	写	興	釣	地	図	び	レ	生	シ	ク	芸
グ	真	ク	ゼ	真	エ	ー	エ	自	然	書	釣	影	撮

キャンプ
ガイド
サミット
地図
気候
疲れた
自然
オリエンテーション

公園
重い
太陽
ブーツ
動物
準備
天気
野生

64 - Länder #2

ャ	活	ハ	ー	リ	パ	プ	ー	メ	ー	ゲ	編	ス	ア
猟	ラ	魔	真	レ	エ	キ	味	編	キ	味	魔	ー	ル
ダ	ジ	味	魔	書	チ	ラ	ス	猟	書	シ	品	ダ	バ
ジ	ャ	マ	イ	カ	オ	オ	書	タ	ダ	読	コ	ン	ニ
リ	ベ	リ	ア	ー	ピ	ス	シ	園	ン	キ	読	エ	ア
ゼ	芸	動	シ	ジ	ア	エ	リ	ハ	ガ	ギ	リ	シ	ャ
読	ル	書	ロ	シ	プ	ド	ア	芸	ウ	フ	ラ	ン	ス
喜	ラ	キ	り	ル	狩	ン	ム	ナ	イ	ジ	ェ	リ	ア
法	ゼ	レ	ハ	興	ル	ラ	ネ	活	書	イ	狩	ク	芸
イ	キ	狩	撮	ケ	イ	ル	パ	興	書	ー	ダ	ー	真
ジ	ハ	び	り	プ	ニ	イ	ー	グ	日	ル	ジ	興	ラ
写	シ	品	イ	影	み	ア	ル	真	本	ハ	イ	チ	芸
ウ	ク	ラ	イ	ナ	興	猟	狩	ラ	ャ	写	プ	ー	品
魔	び	ラ	ン	陶	ゲ	グ	ゼ	活	画	物	読	法	物

アルバニア
エチオピア
フランス
ギリシャ
ハイチ
アイルランド
ジャマイカ
日本
ケニア
ラオス

リベリア
メキシコ
ネパール
ナイジェリア
パキスタン
ロシア
スーダン
シリア
ウガンダ
ウクライナ

65 - Fahrzeuge

タ	潜	水	艦	ス	イ	フ	り	興	シ	み	い	ャ	ジ
芸	イ	法	味	ク	読	ェ	グ	編	ル	び	か	リ	リ
列	ゲ	ヤ	ハ	ー	陶	リ	ロ	ケ	ッ	ト	だ	園	パ
車	ル	バ	ト	タ	ー	ー	タ	ー	モ	活	動	プ	喜
自	物	ス	ラ	ー	釣	シ	ヘ	リ	コ	プ	タ	ー	猟
工	転	ハ	ッ	イ	狩	ク	ト	ラ	ク	タ	ー	魔	ゲ
真	写	車	ク	び	み	タ	撮	り	レ	魔	グ	ジ	動
キ	ー	急	編	り	活	法	キ	写	レ	イ	陶	ダ	味
ャ	ラ	救	び	ボ	ー	ト	レ	ム	動	写	地	下	鉄
ラ	ル	ン	イ	品	魔	ダ	ジ	レ	ジ	法	み	り	真
バ	影	狩	ン	狩	飛	動	ゼ	猟	み	ー	真	ズ	品
ン	品	編	ダ	ル	真	行	芸	リ	み	書	ハ	味	ジ
芸	書	ン	ハ	キ	猟	キ	機	動	陶	イ	猟	ャ	ズ
ム	み	園	レ	エ	み	園	レ	活	狩	写	ハ	真	ル

ボート
バス
自転車
フェリー
いかだ
飛行機
ヘリコプター
救急車
トラック
モーター
ロケット
タイヤ
スクーター
タクシー
トラクター
地下鉄
潜水艦
キャラバン
列車

66 - Musikinstrumente

チ	写	ジ	ダ	撮	バ	猟	ー	タ	ギ	物	活	絵	バ
動	ャ	画	プ	ゴ	魔	イ	ゼ	ャ	ン	シ	プ	ル	ン
プ	物	イ	写	ン	グ	写	オ	撮	絵	バ	猟	編	ジ
パ	陶	画	ム	グ	リ	興	園	リ	ゼ	ラ	リ	プ	ョ
ー	ク	ラ	リ	ネ	ッ	ト	マ	物	ン	喜	び	ン	ー
カ	ニ	モ	ー	ハ	真	ッ	ン	サ	ッ	ク	ス	ラ	ト
ッ	品	ー	編	ズ	喜	ゴ	ド	芸	ハ	チ	ェ	ロ	ロ
シ	書	ジ	り	味	グ	ァ	リ	活	味	品	ン	活	ン
ョ	ズ	み	り	ハ	リ	フ	ン	狩	ド	ゲ	撮	み	ボ
ン	ゲ	プ	ト	ー	ル	フ	絵	ル	ラ	味	狩	ゲ	ー
芸	エ	園	園	プ	オ	ー	ボ	エ	ム	真	ズ	ク	ン
編	キ	魔	編	ハ	ピ	ア	ノ	狩	ダ	園	味	影	活
ト	ラ	ン	ペ	ッ	ト	物	ラ	グ	狩	動	撮	活	喜
ゲ	興	動	撮	動	ン	ズ	エ	プ	パ	プ	パ	園	芸

バンジョー
チェロ
ファゴット
フルート
バイオリン
ギター
チャイム
ゴング
ハープ
クラリネット
ピアノ
マンドリン
ハーモニカ
オーボエ
トロンボーン
サックス
パーカッション
タンバリン
ドラム
トランペット

67 - Blumen

ー	写	プ	ゼ	百	キ	ゲ	デ	真	ハ	活	活	ム	ハ
ピ	ダ	味	園	合	マ	書	イ	エ	シ	エ	プ	読	グ
ポ	タ	ン	ポ	ポ	グ	み	ジ	プ	グ	撮	喜	イ	ン
チ	み	シ	ベ	ゲ	ノ	品	ー	猟	喜	ン	書	イ	リ
ュ	興	ナ	陶	ラ	リ	ム	活	動	ラ	束	花	興	ク
ー	ズ	チ	グ	画	ア	編	エ	真	喜	ム	弁	プ	ゼ
リ	編	ク	レ	ズ	シ	プ	ひ	グ	書	魔	ズ	写	パ
ッ	読	ッ	魔	イ	猟	ル	興	ま	牡	丹	シ	撮	キ
プ	影	ラ	読	シ	ジ	メ	ハ	法	わ	り	書	み	真
ト	ケ	イ	ソ	ウ	物	リ	園	イ	レ	り	ハ	プ	ク
絵	プ	ラ	ハ	ズ	ャ	ア	グ	読	ビ	狩	園	エ	ロ
グ	絵	ャ	ダ	ズ	ダ	キ	リ	ン	ミ	ス	ャ	ジ	ー
ゼ	撮	ジ	シ	撮	リ	ラ	物	ゲ	写	品	カ	キ	バ
猟	プ	イ	喜	蘭	ク	り	ャ	法	芸	興	芸	ス	ー

花弁
クチナシ
デイジー
ハイビスカス
ジャスミン
クローバー
ラベンダー
ライラック
百合
タンポポ
マグノリア
ポピー
トケイソウ
牡丹
プルメリア
ひまわり
花束
チューリップ

68 - Natur

砂	漠	園	陶	ラ	穏	魔	野	シ	ト	動	氷	川	喜
動	シ	ェ	ル	タ	ー	や	生	魔	ロ	的	葉	河	真
物	ャ	撮	芸	猟	ル	ー	か	北	ピ	喜	パ	写	狩
陶	書	法	園	物	品	興	グ	極	カ	釣	影	写	霧
侵	猟	サ	ン	ク	チ	ュ	ア	リ	ル	画	書	動	ン
食	プ	キ	動	シ	り	ダ	ゼ	ゲ	絵	喜	法	狩	パ
平	和	画	イ	猟	ャ	ズ	興	プ	撮	ゼ	レ	撮	芸
ゼ	編	ズ	動	ジ	キ	シ	イ	喜	美	し	さ	ダ	真
喜	猟	陶	リ	リ	ゲ	真	影	物	動	狩	ジ	ム	グ
ハ	ズ	イ	リ	ー	プ	興	釣	山	ン	ゲ	画	陶	り
ャ	真	ハ	活	動	猟	画	絵	ジ	写	物	エ	森	イ
釣	パ	品	プ	物	リ	味	影	品	ダ	パ	味	猟	ン
グ	味	園	パ	シ	喜	動	法	動	エ	動	ハ	陶	蜂
絵	レ	喜	陶	ズ	撮	書	重	要	ズ	絵	ン	ク	影

北極
動的
侵食
平和
氷河
サンクチュアリ
穏やか
重要
美しさ
シェルター
動物
トロピカル
野生
砂漠

69 - Urlaub #2

ル	パ	レ	狩	活	リ	ジ	空	読	り	休	レ	ゲ	活
レ	レ	ラ	ジ	ジ	写	魔	ラ	港	動	日	ス	ャ	キ
イ	イ	芸	読	ャ	ト	リ	レ	狩	ル	絵	ト	写	味
イ	プ	猟	ク	島	ー	り	行	パ	釣	キ	ラ	物	動
写	絵	チ	イ	グ	ポ	グ	き	芸	外	喜	ン	ン	猟
タ	ク	シ	ー	真	ス	園	先	ダ	国	列	車	ム	キ
狩	画	物	ャ	ビ	パ	交	山	ム	人	工	動	法	魔
味	工	興	興	魔	イ	通	喜	画	ク	味	活	写	影
撮	魔	絵	イ	法	影	品	ク	陶	品	撮	イ	み	魔
地	図	釣	品	旅	画	ハ	ゼ	ャ	キ	書	ン	喜	絵
ル	プ	海	工	画	画	キ	ハ	写	ム	ム	ビ	ザ	画
テ	ン	ト	リ	リ	ハ	リ	編	釣	猟	法	園	ク	撮
ホ	ャ	ャ	ン	喜	編	興	釣	プ	活	法	写	パ	み
読	キ	影	興	ャ	編	リ	真	味	園	キ	ル	写	ー

外国人
キャンプ
空港
レジャー
ホテル
地図
パスポート
レストラン
ビーチ
タクシー
交通
休日
ビザ
テント
行き先
列車

70 - Zirkus

猟	壮	風	り	影	パ	レ	ー	ド	キ	魔	法	編	パ
陶	観	イ	船	グ	画	読	イ	真	書	ー	グ	キ	コ
グ	な	ゼ	書	パ	キ	び	狩	写	動	猟	釣	物	ス
象	み	狩	パ	ム	ー	ン	ャ	陶	り	味	物	書	チ
ジ	パ	撮	ハ	ラ	撮	ク	り	び	ン	影	み	音	ュ
イ	ャ	猟	虎	写	パ	ッ	イ	興	ー	ム	味	楽	ー
ム	ズ	グ	ズ	真	シ	リ	キ	キ	園	パ	釣	プ	ム
撮	影	狩	ラ	テ	ン	ト	ゼ	活	ゲ	ハ	興	ク	撮
絵	品	び	ゼ	ー	オ	観	客	動	園	絵	編	絵	レ
喜	リ	活	品	ャ	イ	ゼ	活	工	書	画	書	ゼ	び
法	喜	法	動	写	ラ	パ	猿	動	物	プ	ャ	ル	ハ
影	写	絵	キ	真	品	絵	ハ	ル	芸	写	ー	パ	撮
ピ	エ	ロ	グ	リ	活	り	シ	レ	釣	パ	絵	園	エ
ア	ク	ロ	バ	ッ	ト	チ	ケ	ッ	ト	品	園	ー	ラ

アクロバット
風船
ピエロ
チケット
ジャグラー
コスチューム
ライオン
魔法
音楽
パレード
壮観な
動物
トリック
テント
観客

71 - Barbecues

活	ャ	書	イ	び	ラ	ゲ	エ	読	ジ	塩	コ	ゲ	グ
料	シ	プ	猟	陶	ズ	ン	ー	書	法	レ	シ	喜	ル
理	影	物	興	動	狩	キ	チ	ー	タ	み	ョ	画	り
家	グ	リ	ル	ハ	品	チ	レ	リ	興	食	ウ	リ	芸
編	族	味	り	シ	ダ	ゼ	グ	レ	撮	ダ	ー	影	ズ
サ	ラ	ダ	園	ゼ	リ	イ	陶	り	ー	ラ	影	読	ズ
子	ー	書	動	ル	動	み	み	法	書	品	園	芸	り
供	飢	み	絵	喜	ゲ	読	り	ダ	ゲ	ゼ	影	パ	書
達	餓	ハ	釣	芸	喜	エ	ジ	ナ	ー	品	夏	影	ジ
狩	音	書	り	ラ	ハ	ツ	物	イ	ム	ダ	画	画	ル
絵	楽	活	ズ	フ	ォ	ー	ク	フ	法	ソ	ー	ス	読
猟	味	動	ャ	興	画	ル	ル	物	ン	陶	猟	影	園
野	菜	影	猟	ゲ	ゼ	フ	魔	ホ	ッ	ト	み	ズ	法
ム	ズ	リ	ゲ	ャ	編	り	書	芸	書	物	法	釣	ゲ

夕食
家族
フルーツ
フォーク
野菜
グリル
ホット
チキン
飢餓

子供達
料理
ナイフ
ランチ
音楽
コショウ
サラダ
ソース
ゲーム

72 - Schach

レ	リ	真	味	狩	ラ	ル	ャ	学	猟	狩	イ	狩	品
チ	ャ	ン	ピ	オ	ン	ー	ン	ぶ	レ	ラ	ゲ	ー	狩
ポ	イ	ン	ト	ク	犠	ル	絵	た	法	み	り	ラ	ゲ
ト	ム	猟	陶	ャ	法	牲	賢	め	ク	イ	対	角	ゼ
ス	ー	魔	び	シ	ダ	狩	い	に	魔	陶	書	画	動
テ	ゲ	ナ	ム	相	書	時	間	味	ゼ	喜	書	魔	ク
ン	読	レ	メ	手	興	写	真	動	法	喜	エ	ゼ	パ
コ	活	び	グ	ン	キ	興	活	狩	ブ	レ	り	ー	真
プ	レ	ー	ヤ	ー	ト	白	い	ル	写	ラ	ゲ	キ	ゼ
魔	エ	ハ	猟	ー	画	シ	狩	画	ン	パ	ッ	編	書
ャ	品	レ	絵	狩	芸	ン	画	シ	読	戦	書	ク	キ
ハ	味	物	女	パ	ッ	シ	ブ	書	ン	略	エ	釣	イ
写	プ	ル	王	シ	ゲ	ズ	り	レ	物	陶	園	品	リ
絵	ダ	芸	陶	ダ	グ	芸	ラ	ゲ	園	釣	味	ハ	リ

チャンピオン
対角
相手
賢い
キング
女王
学ぶために
犠牲
パッシブ
ポイント
ルール
ブラック
ゲーム
プレーヤー
戦略
トーナメント
白い
コンテスト
時間

73 - Geographie

ダ	世	界	ン	編	ン	山	シ	シ	ゲ	魔	パ	ャ	ラ
ャ	画	ム	物	撮	リ	読	プ	真	ハ	芸	園	魔	シ
レ	画	ズ	ラ	西	ダ	品	グ	編	ラ	陶	魔	グ	み
味	り	動	狩	撮	イ	動	ジ	芸	ダ	シ	み	ズ	書
ダ	猟	喜	キ	真	読	ズ	絵	み	猟	赤	道	絵	ジ
ル	画	物	真	ア	ト	ラ	ス	ダ	市	子	リ	半	球
興	高	園	園	パ	写	ラ	ハ	ラ	ジ	午	法	イ	猟
島	度	ジ	イ	ム	り	動	海	洋	キ	線	エ	ャ	書
ム	緯	画	ズ	撮	物	国	喜	芸	物	ー	キ	イ	活
川	ゲ	キ	興	編	ハ	影	パ	絵	影	り	ダ	シ	ャ
海	ズ	グ	シ	レ	法	味	物	北	陶	大	陸	活	プ
画	み	ャ	陶	エ	グ	ハ	グ	ジ	ゼ	猟	り	ム	読
影	法	釣	ー	イ	陶	ャ	興	領	域	ジ	画	真	編
地	図	リ	ク	画	み	ル	ル	り	地	リ	喜	ゼ	ゲ

アトラス
赤道
緯度
地域
半球
高度
地図
大陸
子午線
海洋
領域
世界

74 - Zahlen

グ	品	釣	リ	書	五	十	み	セ	書	陶	キ	十	四
ズ	り	興	写	ラ	パ	キ	ル	ブ	狩	釣	ゼ	シ	り
動	エ	小	数	ハ	ク	プ	エ	ン	ジ	影	釣	興	味
キ	芸	魔	狩	園	動	狩	ラ	テ	キ	セ	イ	真	書
グ	興	影	芸	影	り	画	パ	ィ	絵	ブ	ゲ	ク	二
芸	ン	八	み	リ	イ	真	九	ー	編	ン	十	九	十
釣	物	び	ク	法	び	品	ジ	ン	興	ハ	パ	動	エ
ル	ゲ	釣	陶	興	十	ム	動	ズ	興	ジ	六	法	パ
真	品	興	ム	ズ	ハ	ン	活	シ	み	陶	芸	十	ン
釣	ズ	ク	ラ	芸	び	釣	活	法	芸	ン	十	ズ	び
ハ	猟	ャ	写	絵	び	ク	芸	四	陶	書	魔	真	グ
法	三	ゲ	ゼ	ロ	パ	び	法	撮	芸	品	ル	法	ハ
ン	十	写	画	ゲ	法	品	レ	ン	魔	み	狩	法	リ
編	読	ー	品	リ	芸	リ	ー	シ	読	芸	ク	エ	パ

十八
小数
十三
十五
十九
ゼロ

十六
セブン
セブンティーン
十四
二十
十二

75 - Kunst Liefert

イ	品	書	グ	ジ	ゲ	編	活	ジ	写	読	リ	釣	り
ラ	ン	ル	画	写	プ	ク	写	ハ	消	し	ゴ	ム	魔
ム	活	ク	画	写	シ	イ	ャ	味	シ	ゼ	ブ	ラ	シ
プ	の	り	ハ	陶	陶	釣	ズ	読	ク	ャ	魔	魔	み
ゼ	キ	び	陶	ン	ズ	シ	撮	園	活	活	ャ	創	レ
物	グ	書	ジ	釣	ヨ	レ	み	ダ	法	リ	エ	造	書
び	撮	イ	ズ	ダ	活	レ	魔	影	鉛	ゼ	紙	性	び
活	法	イ	ー	ゼ	ル	リ	ク	ア	筆	読	ン	物	パ
影	ル	ク	プ	ゲ	炭	物	物	デ	動	ラ	り	画	興
ン	ハ	読	キ	ル	書	ー	プ	イ	パ	書	芸	活	水
園	り	ジ	撮	シ	グ	真	品	ア	活	写	猟	喜	ク
粘	ャ	ジ	色	グ	品	園	読	リ	ー	陶	画	レ	書
土	テ	ー	ブ	ル	ク	喜	ゼ	椅	影	猟	ゼ	ズ	写
ク	真	活	カ	メ	ラ	ラ	び	子	び	油	画	レ	味

アクリル
鉛筆
クレヨン
ブラシ
アイデア
カメラ
創造性
のり
消しゴム
イーゼル
椅子
テーブル
インク
粘土

76 - Tage und Monate

六	年	釣	エ	キ	日	レ	動	猟	み	ゼ	ム	ー	品
猟	月	釣	撮	ャ	曜	イ	釣	ゼ	ー	ク	シ	喜	ー
ゼ	ハ	シ	火	芸	日	芸	ル	画	影	イ	絵	釣	興
月	曜	日	曜	リ	読	ャ	興	ズ	カ	レ	ン	ダ	ー
魔	芸	曜	日	ラ	活	ジ	園	撮	魔	興	ー	ジ	バ
ク	編	木	キ	ハ	週	ズ	興	ズ	キ	ー	ル	ゲ	ン
画	ゲ	レ	リ	編	品	び	パ	エ	ム	び	陶	土	テ
写	び	り	喜	真	魔	興	編	二	月	エ	絵	曜	プ
編	ャ	び	水	読	魔	ル	魔	狩	キ	イ	活	日	セ
陶	ク	ゲ	曜	興	魔	イ	画	ズ	み	プ	び	絵	芸
グ	五	エ	日	行	ハ	ー	レ	金	み	リ	写	プ	狩
ル	ム	月	法	進	エ	グ	喜	曜	キ	ル	読	ゲ	品
園	陶	一	ー	絵	芸	ハ	ー	日	画	ム	動	影	ラ
写	活	十	ム	パ	法	興	釣	り	七	月	ャ	真	リ

エイプリル
八月
火曜日
木曜日
二月
金曜日
七月
六月
カレンダー
五月
行進
水曜日
月曜日
十一月
土曜日
セプテンバー
日曜日

77 - Zu Füllen

ダ	ル	バ	ズ	ク	ズ	チ	リ	ダ	み	ス	パ	園	ク
動	ム	ク	ス	釣	編	ュ	イ	ラ	画	ー	動	み	ジ
キ	ク	パ	ク	ケ	芸	ー	ル	狩	真	ツ	写	ジ	魔
興	ャ	陶	興	ャ	ッ	ブ	ダ	活	写	ケ	陶	ラ	ラ
ム	魔	陶	真	引	花	ト	ッ	ケ	パ	ー	バ	プ	園
品	魔	ム	レ	き	瓶	ッ	ク	容	器	ス	レ	法	魔
パ	ル	芸	ボ	出	読	ケ	イ	レ	ト	カ	ル	喜	ー
ン	プ	バ	ト	し	画	ポ	ム	イ	ー	読	ー	読	陶
浴	キ	ケ	ル	ム	真	画	ー	ハ	絵	ト	ン	ト	魔
槽	品	ツ	ズ	イ	撮	ャ	編	ャ	シ	キ	ズ	猟	ン
り	ジ	書	ゲ	シ	ム	キ	ズ	釣	封	ゼ	ダ	シ	パ
ク	ゲ	ズ	読	画	シ	箱	シ	ラ	筒	撮	グ	ク	動
ム	レ	活	レ	ジ	フ	ォ	ル	ダ	プ	園	キ	狩	パ
狩	狩	イ	猟	ゼ	ー	パ	パ	魔	ゼ	ジ	レ	喜	撮

バケツ
バレル
ボトル
カートン
クレート
スーツケース
バスケット
フォルダ
パケット

チューブ
容器
引き出し
トレイ
ポケット
封筒
花瓶
浴槽

78 - Das Unternehmen

ビ	レ	ハ	魔	賃	リ	ス	ク	喜	ン	狩	絵	喜	影
ジ	リ	ソ	ー	ス	金	革	ク	リ	ョ	ジ	び	プ	喜
ネ	品	ク	読	読	び	新	リ	真	シ	ジ	編	画	興
ス	絵	ル	投	資	イ	的	エ	キ	ー	可	能	性	び
ル	味	味	み	ゼ	猟	グ	イ	ゼ	テ	プ	物	ゼ	ラ
グ	釣	陶	編	影	編	イ	テ	レ	ン	影	ム	真	撮
進	ャ	グ	編	書	リ	ク	ィ	リ	ゼ	活	魔	ゼ	書
捗	狩	ン	釣	プ	ゲ	ラ	ブ	ゼ	レ	影	ゲ	パ	影
ム	シ	物	ラ	書	ー	活	単	猟	プ	ロ	動	決	味
品	影	影	猟	真	ラ	ー	位	グ	ロ	ー	バ	ル	定
質	キ	芸	法	ク	ゲ	グ	業	界	園	画	イ	味	イ
プ	法	影	レ	ハ	リ	雇	用	り	書	り	ム	ク	キ
レ	製	活	エ	ラ	収	ハ	画	ー	び	園	評	園	ジ
リ	ジ	品	画	ズ	益	猟	ン	ズ	ル	み	判	ハ	リ

雇用
単位
収益
決定
進捗
ビジネス
グローバル
業界
革新的
投資

クリエイティブ
賃金
可能性
プレゼンテーション
製品
プロ
品質
リソース
リスク
評判

79 - Möbel

プ	プ	り	喜	り	エ	ン	ソ	ハ	ン	モ	ッ	ク	ラ
編	ド	魔	品	影	鏡	エ	フ	ー	テ	撮	ジ	写	キ
絵	ャ	ッ	ラ	プ	パ	ハ	ァ	ジ	ー	イ	本	物	喜
釣	真	シ	ベ	ン	チ	ン	ハ	喜	カ	園	真	棚	ャ
書	画	ー	動	ラ	び	ダ	み	ジ	り	興	ぜ	り	魔
ク	動	ダ	ン	活	絵	釣	写	写	ム	真	園	び	机
シ	り	み	喜	ク	び	魔	絵	写	活	真	魔	グ	撮
り	び	り	マ	ラ	レ	味	法	撮	品	ル	ゲ	喜	写
狩	園	品	ッ	ー	ジ	布	団	絵	活	ク	シ	ャ	編
編	工	絵	ト	ク	釣	活	味	布	猟	影	リ	ク	読
イ	イ	芸	レ	読	芸	味	プ	絵	け	ラ	グ	猟	品
ン	品	り	ス	味	画	戸	陶	ク	グ	掛	影	ャ	撮
ア	ー	ム	チ	ェ	ア	棚	喜	イ	ハ	ズ	画	猟	工
ド	レ	ッ	サ	ー	園	ル	椅	子	活	喜	猟	枕	興

ベンチ
ベッド
掛け布団
本棚
ソファ
布団
ハンモック
ドレッサー
ランプ
マットレス
戸棚
アームチェア
椅子
ラグ
カーテン

80 - Kräuterkunde

物	物	ゼ	ー	グ	ー	ラ	読	リ	び	ダ	レ	影	リ
真	ン	釣	撮	味	狩	品	動	釣	キ	興	編	影	パ
活	キ	編	ム	喜	ラ	グ	動	品	パ	写	真	喜	釣
マ	ラ	写	緑	活	シ	リ	エ	ム	写	味	成	真	ゲ
喜	ー	リ	マ	ズ	ー	ロ	ク	み	タ	り	分	ラ	ズ
真	物	ジ	花	陶	読	ラ	ル	ク	イ	釣	品	ル	サ
び	び	絵	ョ	写	書	狩	ベ	ニ	ム	動	質	喜	フ
絵	リ	ャ	物	ラ	動	ル	ネ	ン	ェ	フ	グ	レ	ラ
ジ	猟	庭	り	物	ム	ィ	喜	ニ	ダ	芳	香	族	ン
バ	動	活	ク	真	真	デ	味	グ	ク	ー	ゼ	芸	ゴ
絵	ジ	パ	セ	リ	園	ャ	イ	芸	狩	有	益	料	ラ
陶	味	ル	絵	び	キ	画	み	プ	動	猟	真	理	タ
書	ジ	陶	ク	絵	ジ	ゲ	味	パ	び	パ	リ	ク	絵
猟	キ	法	活	物	ゼ	芸	読	パ	猟	プ	喜	味	味

芳香族
バジル
ディル
タラゴン
フェンネル
ニンニク
料理
ラベンダー
マージョラム
パセリ
品質
ローズマリー
サフラン
タイム
有益
成分

81 - Aktivitäten und Freizeit

趣	味	ク	ダ	釣	ダ	動	サ	レ	ー	シ	ン	グ	猟
興	ャ	旅	行	釣	イ	ー	リ	ッ	パ	キ	プ	ル	編
ル	リ	猟	園	狩	ビ	り	絵	レ	カ	シ	水	泳	ハ
ー	ス	ニ	テ	プ	ン	野	園	画	ク	ー	喜	工	釣
ボ	ク	シ	ン	グ	グ	球	工	芸	プ	書	ー	リ	グ
ー	ッ	真	編	品	シ	芸	ゲ	シ	ク	動	ン	イ	レ
レ	ラ	編	グ	陶	キ	真	興	ゼ	狩	み	物	撮	び
バ	リ	芸	ン	キ	画	ゲ	喜	プ	ダ	動	興	陶	ズ
芸	活	真	キ	ャ	ン	プ	ア	ー	ト	シ	シ	陶	キ
ジ	品	ゲ	イ	写	ィ	バ	ス	ケ	ッ	ト	ボ	ー	ル
ハ	グ	動	ハ	シ	フ	ル	ゴ	狩	魔	リ	書	園	画
釣	り	ゼ	写	キ	ー	工	猟	ゼ	狩	ズ	び	ャ	リ
狩	画	ク	動	活	サ	グ	撮	ゲ	興	ク	み	興	猟
絵	狩	釣	物	画	レ	ン	物	撮	芸	芸	り	画	キ

釣り
野球
バスケットボール
ボクシング
キャンプ
リラックス
サッカー
園芸
絵画
ゴルフ

趣味
アート
旅行
レーシング
水泳
サーフィン
ダイビング
テニス
バレーボール
ハイキング

82 - Musik

ハ	ー	モ	ニ	ッ	ク	バ	法	ク	ク	シ	キ	画	リ
園	芸	エ	リ	イ	ス	ラ	ー	コ	ラ	み	音	イ	読
ミ	ュ	ー	ジ	カ	ル	ー	猟	ズ	シ	プ	録	楽	エ
画	ジ	ラ	撮	パ	狩	ド	み	リ	ッ	楽	ア	ン	家
ダ	グ	画	ズ	プ	写	シ	ゼ	エ	ク	器	ル	釣	興
マ	み	プ	グ	陶	影	ゲ	ジ	オ	ペ	ラ	バ	撮	品
レ	イ	釣	魔	真	調	和	狩	シ	活	み	ム	読	芸
喜	編	ク	撮	う	歌	ズ	エ	書	味	ン	ゲ	パ	品
メ	ロ	デ	ィ	ー	手	テ	ン	ポ	読	り	レ	法	魔
物	ー	び	ゼ	即	編	パ	喜	真	味	リ	魔	ラ	ハ
ル	画	画	プ	活	興	味	ク	喜	釣	ャ	ダ	釣	ダ
り	書	活	写	ゼ	キ	叙	情	的	リ	ズ	ム	ン	び
絵	絵	真	読	魔	ラ	真	動	詩	ー	グ	釣	み	画
狩	芸	味	喜	釣	ャ	画	ズ	釣	釣	ジ	真	り	み

アルバム
録音
バラード
コーラス
調和
ハーモニック
即興
楽器
クラシック
叙情的
メロディー
マイク
ミュージカル
音楽家
オペラ
詩的
リズム
歌手
歌う
テンポ

83 - Antiquitäten

法	レ	ゲ	み	ズ	シ	陶	喜	み	芸	ス	イ	ゲ	影
狩	狩	書	レ	真	び	絵	編	写	プ	タ	喜	編	ャ
ム	物	イ	価	格	レ	ー	エ	園	ゼ	イ	写	ラ	コ
プ	影	家	真	グ	ジ	愛	好	家	ャ	ル	ー	編	イ
ハ	撮	ゲ	具	芸	ュ	味	興	リ	グ	狩	真	写	ン
画	リ	興	編	動	エ	オ	影	読	物	園	調	ク	パ
シ	ラ	喜	撮	味	リ	ー	リ	ラ	ャ	ギ	子	び	パ
活	み	レ	品	品	ー	セ	写	動	品	ア	世	紀	書
ズ	絵	ン	興	ゲ	読	ン	狩	画	ゲ	影	ー	興	レ
真	ラ	画	ム	珍	味	テ	ク	物	物	編	園	ト	装
園	影	ゼ	陶	し	狩	ィ	狩	エ	彫	プ	興	ン	飾
投	撮	影	味	い	古	ッ	パ	ズ	刻	キ	興	ガ	読
資	絵	ラ	び	釣	興	ク	品	ク	活	ダ	ン	レ	ャ
エ	ン	ダ	法	陶	編	パ	質	値	み	ャ	プ	エ	ム

古い
オーセンティック
装飾
エレガント
愛好家
ギャラリー
絵画
投資
世紀
アート
家具
コイン
価格
品質
ジュエリー
彫刻
スタイル
珍しい
調子

84 - Adjektive #2

オ	真	猟	ル	影	真	新	着	編	ル	活	芸	イ	画
ー	影	読	リ	プ	真	読	物	ラ	ゼ	物	ル	ク	正
セ	ゼ	味	釣	書	真	ハ	プ	エ	興	魔	シ	画	常
ン	ズ	影	撮	猟	読	強	劇	的	レ	プ	ク	法	活
テ	絵	ダ	ジ	食	興	い	白	面	喜	ガ	り	撮	狩
ィ	ー	ャ	キ	用	パ	辛	ズ	味	ル	グ	ン	狩	ジ
ッ	芸	魔	動	ラ	キ	塩	み	品	ン	ー	ゼ	ト	狩
ク	絵	パ	動	リ	ズ	り	喜	読	び	陶	イ	法	絵
芸	物	エ	ル	ゼ	グ	読	ダ	狩	味	パ	責	任	者
新	生	野	動	ゼ	説	真	芸	ャ	釣	画	ク	影	活
鮮	産	空	腹	絵	グ	明	ク	リ	エ	イ	テ	ィ	ブ
な	的	活	書	活	ダ	ャ	ム	ナ	チ	ュ	ラ	ル	法
有	名	な	興	真	ゼ	ム	び	味	ム	元	誇	ー	プ
ャ	ン	ダ	シ	ゲ	ダ	読	ル	物	法	気	パ	り	編

オーセンティック
有名な
説明
劇的
エレガント
食用
新鮮な
元気
空腹
面白い

クリエイティブ
ナチュラル
新着
正常
生産的
塩辛い
強い
誇り
責任者
野生

85 - Kleidung

パ	魔	影	シ	園	編	リ	絵	陶	興	ス	レ	ド	写
ク	ジ	リ	ャ	法	品	ラ	ゲ	興	シ	カ	ウ	エ	プ
レ	イ	ャ	ツ	ン	パ	狩	リ	ム	ム	ー	ャ	ラ	読
法	陶	プ	マ	シ	グ	活	び	書	キ	フ	写	ハ	ブ
ベ	ル	ト	ク	ャ	手	袋	レ	園	エ	ハ	キ	ク	ム
陶	ハ	ー	ッ	釣	ン	ゲ	ス	レ	ク	ッ	ネ	ラ	品
法	品	コ	ズ	ケ	活	芸	カ	ズ	影	味	ー	レ	ブ
撮	画	法	園	キ	ャ	グ	ー	影	パ	ダ	動	ゼ	レ
ジ	ー	ン	ズ	動	グ	ジ	ト	み	ゲ	ハ	真	撮	ス
グ	帽	ジ	ュ	エ	リ	ー	ル	活	書	り	パ	芸	レ
エ	子	真	ダ	画	シ	タ	プ	ゲ	靴	ン	動	レ	ッ
プ	法	ム	ー	ク	ン	ー	芸	味	釣	プ	書	品	ト
ロ	魔	リ	り	写	影	セ	陶	活	シ	猟	物	パ	ハ
ン	び	ダ	ー	フ	ァ	ッ	シ	ョ	ン	動	ャ	レ	ン

ブレスレット
ブラウス
ベルト
ネックレス
手袋
シャツ
パンツ
帽子
ジャケット
ジーンズ
ドレス
コート
ファッション
セーター
スカート
スカーフ
パジャマ
ジュエリー
エプロン

86 - Farben

グ	レ	ー	バ	イ	オ	レ	ッ	ト	り	園	園	茶	び
魔	陶	画	狩	陶	グ	狩	ゲ	活	ラ	活	写	色	ゲ
み	喜	工	芸	レ	活	紺	ク	フ	書	ム	物	ク	釣
黄	色	イ	ー	画	赤	碧	リ	狩	ク	ッ	ラ	ブ	み
ー	法	り	写	パ	キ	書	ム	レ	プ	シ	魔	ダ	園
活	シ	釣	ラ	真	ズ	法	ゾ	芸	プ	レ	ア	ピ	セ
真	園	猟	猟	キ	芸	ジ	ン	レ	オ	ハ	活	喜	物
活	喜	緑	画	り	写	活	ア	青	イ	ン	ジ	ゴ	味
味	紫	ル	レ	キ	ク	び	シ	編	白	い	ー	ー	写
ー	写	興	動	釣	イ	撮	リ	マ	ゼ	ン	タ	リ	シ
ム	ゼ	影	エ	ン	ベ	パ	法	園	シ	物	ク	グ	写
ム	芸	り	み	編	影	ー	物	ラ	ピ	陶	真	狩	キ
ゲ	り	み	真	園	リ	ム	ジ	影	ン	喜	陶	味	プ
ハ	ク	陶	工	芸	プ	喜	真	ュ	ク	ン	活	陶	読

紺碧
ベージュ
茶色
フクシア
黄色
グレー
インジゴ
マゼンタ
オレンジ
クリムゾン
ピンク
ブラック
セピア
バイオレット
白い
シアン

87 - Haus

画	キ	書	猟	ク	真	キ	写	ド	狩	グ	ク	ム	喜
フ	エ	屋	根	裏	喜	ッ	鏡	ア	煙	突	芸	編	動
ェ	び	ャ	ゼ	ル	レ	チ	図	ゼ	絵	ガ	ラ	動	魔
ン	編	品	エ	ゲ	プ	ン	ラ	書	影	レ	真	撮	ジ
ス	窓	ク	ー	画	撮	狩	陶	編	館	ー	ワ	ャ	シ
屋	絵	ゼ	キ	り	エ	ジ	動	ジ	編	ジ	部	屋	ャ
根	法	ほ	暖	イ	画	ン	キ	シ	庭	味	壁	リ	ン
品	グ	う	寝	炉	ャ	法	ジ	ャ	イ	品	エ	品	ム
ャ	魔	き	室	ズ	ム	天	井	書	活	魔	絵	ル	活
興	レ	絵	グ	陶	ゲ	ャ	味	リ	ン	エ	び	ー	リ
グ	レ	ー	猟	家	シ	撮	イ	ズ	イ	エ	活	活	物
ー	品	動	魔	具	ズ	キ	ン	真	絵	イ	ハ	興	影
ー	写	グ	ン	エ	グ	り	書	ン	ゲ	絵	芸	イ	プ
ジ	法	エ	興	シ	プ	撮	撮	り	読	興	ー	影	グ

ほうき
図書館
屋根
屋根裏
天井
シャワー
ガレージ
暖炉
キッチン
ランプ
家具
寝室
煙突
ドア
フェンス
部屋

88 - Bauernhof #1

真	ゼ	び	肥	料	土	ジ	芸	フ	編	書	動	馬	パ
農	陶	法	ジ	シ	地	釣	影	芸	ィ	チ	キ	ン	レ
業	蜂	蜜	編	豚	撮	ン	ヤ	ギ	ズ	ー	ハ	影	ー
画	活	ク	画	釣	り	絵	書	ズ	喜	エ	ル	プ	釣
物	猟	ダ	画	び	真	キ	ラ	フ	ェ	ン	ス	ド	キ
書	り	イ	写	パ	ム	撮	水	プ	味	ー	ラ	ダ	猟
リ	芸	み	ダ	撮	み	興	真	影	狩	ン	カ	絵	読
活	キ	み	ハ	動	絵	写	園	法	ン	画	蜂	釣	物
興	ゲ	芸	撮	り	ズ	読	び	法	り	絵	猟	キ	品
レ	米	シ	り	興	品	影	パ	び	ふ	り	ダ	写	猟
ヘ	イ	絵	味	ン	釣	ャ	ル	ラ	く	品	ャ	エ	レ
犬	活	芸	グ	影	ャ	ム	撮	牛	ら	ル	ラ	ゼ	興
陶	芸	猫	ム	魔	興	味	撮	絵	は	活	リ	動	ロ
パ	品	園	真	園	シ	喜	味	ル	ぎ	陶	ハ	法	バ

肥料
ロバ
フィールド
ヘイ
蜂蜜
チキン
ふくらはぎ
カラス
土地
農業
フェンス
ヤギ

89 - Regierung

独	立	記	り	ル	ラ	ズ	ン	陶	政	権	利	園	法
芸	品	書	念	読	ム	り	み	陶	治	真	ク	リ	ム
シ	動	キ	ー	碑	ゲ	リ	ー	ダ	ー	ー	キ	正	法
ジ	ン	市	民	魔	び	法	レ	ク	活	ム	魔	義	編
ム	シ	ボ	編	ズ	パ	絵	物	絵	プ	活	猟	主	興
撮	工	狩	ル	ル	書	猟	シ	み	法	味	和	主	キ
味	影	活	自	ス	ピ	ー	チ	国	家	ー	平	民	み
ゲ	書	状	態	由	ム	ラ	書	ジ	園	真	等	影	味
品	ハ	喜	法	ダ	動	工	陶	読	法	ダ	真	キ	物
プ	ン	読	ズ	品	動	ャ	司	パ	ゲ	活	パ	ー	品
絵	編	物	議	陶	び	写	法	ン	イ	グ	ワ	ズ	撮
活	釣	活	論	ゲ	法	プ	写	ー	ジ	ル	ー	喜	パ
パ	真	編	編	真	律	イ	園	ャ	喜	り	活	園	法
物	影	パ	編	憲	法	魔	法	ゲ	グ	ム	読	物	品

民主主義
記念碑
議論
自由
平和
リーダー
正義
法律
平等
司法
パワー
国家
政治
権利
スピーチ
状態
シンボル
独立
憲法
市民

90 - Berufe #1

ジ	真	猟	法	猟	み	ハ	ピ	パ	グ	興	イ	獣	医
ジ	園	り	ン	ゼ	エ	ン	音	ア	レ	シ	銀	活	リ
陶	工	読	絵	リ	真	タ	楽	園	ニ	画	行	ズ	園
ア	ー	テ	ィ	ス	ト	ー	家	大	会	ス	家	喜	陶
ジ	真	書	メ	カ	ニ	ッ	ク	使	ジ	計	ト	り	看
地	図	製	作	者	真	編	踊	り	子	心	士	ズ	護
影	狩	絵	読	ー	リ	コ	ー	チ	ズ	理	護	プ	婦
真	ラ	写	喜	猟	猟	イ	狩	パ	喜	学	弁	写	真
芸	陶	イ	ン	魔	興	喜	物	工	園	者	学	質	地
ル	ズ	真	エ	エ	写	味	ゼ	ー	活	医	学	ル	釣
ク	読	絵	活	絵	陶	ゲ	興	喜	味	動	喜	文	画
法	活	物	グ	ズ	芸	釣	宝	リ	ー	ン	ズ	ャ	天
り	り	写	リ	パ	猟	画	石	ズ	ル	芸	編	狩	魔
パ	法	グ	写	レ	ム	パ	商	配	管	エ	リ	興	み

医者
天文学者
銀行家
大使
会計士
地質学者
ハンター
宝石商
地図製作者
配管工

看護婦
アーティスト
メカニック
音楽家
ピアニスト
心理学者
弁護士
踊り子
獣医
コーチ

91 - Adjektive #1

ア	品	リ	綺	深	芳	ダ	ク	遅	い	薄	魅	力	的
魔	ク	芸	麗	刻	ダ	香	絵	要	重	リ	シ	画	味
リ	ハ	テ	な	大	巨	ダ	族	完	全	ク	活	シ	ゲ
品	ル	撮	ィ	ゼ	ル	物	ク	キ	活	真	ル	ラ	ク
画	魔	貴	影	ブ	モ	ダ	ン	ハ	ッ	ピ	ー	シ	ゲ
ャ	リ	喜	重	ゼ	ー	び	読	ゼ	物	画	ジ	り	影
ン	キ	ハ	陶	読	猟	ラ	ム	イ	絵	プ	ダ	絶	対
ラ	キ	り	真	び	り	法	ク	法	ラ	ゲ	編	ダ	編
リ	ン	ル	ゼ	釣	猟	写	ク	喜	書	物	物	撮	り
り	ク	法	グ	画	正	影	ハ	暗	撮	ジ	芸	術	的
同	グ	撮	園	ラ	直	ゲ	プ	い	陶	撮	ル	書	ム
一	編	ズ	興	イ	園	法	味	ク	釣	園	芸	シ	物
ー	画	絵	り	深	キ	パ	狩	陶	工	興	ジ	シ	書
味	ハ	ズ	法	い	芸	画	法	ハ	喜	狩	味	シ	読

絶対
アクティブ
芳香族
魅力的
暗い
薄い
正直
深刻
ハッピー
同一

芸術的
遅い
モダン
完全
巨大な
綺麗な
重い
深い
貴重
重要

92 - Geometrie

絵	ゲ	画	エ	リ	リ	品	パ	園	活	法	パ	狩	書
ズ	法	キ	編	計	算	セ	グ	メ	ン	ト	論	理	狩
ム	み	物	び	編	釣	グ	猟	魔	ャ	キ	喜	読	法
ン	ダ	味	ズ	写	み	陶	活	み	ズ	ル	み	釣	キ
み	狩	キ	絵	レ	ゲ	物	グ	ン	編	工	読	次	元
円	絵	興	物	撮	ー	シ	撮	対	品	ー	写	表	ム
理	論	喜	割	ム	ク	質	り	ム	称	活	写	面	水
リ	方	程	式	合	ク	ゼ	量	ダ	書	工	活	三	平
半	園	ダ	レ	ャ	ズ	プ	ク	画	び	読	度	角	絵
径	狩	喜	編	法	喜	ン	真	ズ	曲	高	ン	形	釣
り	ジ	活	ダ	シ	園	レ	品	書	線	さ	猟	物	ハ
真	ラ	動	工	陶	興	レ	ハ	ン	み	ン	法	リ	シ
直	径	品	り	品	書	味	キ	ン	撮	番	号	ン	ジ
レ	ル	ジ	撮	平	行	園	興	書	イ	ン	動	キ	レ

割合
計算
次元
三角形
直径
方程式
水平
高さ
曲線
論理
質量
番号
表面
平行
半径
セグメント
対称
理論
角度

93 - Jazz

ン	お	才	編	プ	プ	猟	ズ	書	ン	法	キ	ム	ク
影	気	能	び	シ	ラ	ン	ャ	シ	ジ	ー	ュ	ミ	法
プ	に	ジ	喜	ゼ	喜	り	ム	ル	ャ	キ	動	ジ	ル
ー	入	ャ	エ	オ	音	楽	ル	ソ	ン	歌	み	書	園
活	り	魔	拍	プ	ー	絵	イ	ロ	ル	品	パ	ー	ン
シ	ハ	ラ	ム	手	ダ	ケ	タ	シ	編	絵	活	即	プ
作	曲	家	パ	ャ	ゲ	コ	ス	ダ	撮	シ	古	い	興
ア	ル	バ	ム	ハ	び	ン	ゲ	ト	ス	ィ	テ	ー	ア
シ	り	ク	ズ	品	イ	サ	ル	イ	ラ	技	ダ	ー	編
猟	ハ	ラ	リ	絵	画	ー	ャ	ク	書	術	写	パ	ム
ム	絵	ャ	ャ	写	パ	ト	ャ	喜	ル	読	グ	ハ	有
味	プ	喜	釣	ダ	編	味	喜	新	活	品	芸	物	名
写	読	ハ	魔	芸	喜	ー	写	着	ゼ	ク	ル	法	な
書	陶	真	動	ム	狩	興	法	ダ	活	狩	物	読	び

アルバム
古い
拍手
有名な
お気に入り
ジャンル
即興
作曲家
コンサート
アーティスト
音楽
ミュージシャン
新着
オーケストラ
リズム
ソロ
スタイル
才能
技術

94 - Mathematik

真	品	興	プ	グ	エ	読	猟	エ	釣	喜	撮	小	字
リ	読	ク	ゼ	エ	絵	画	釣	書	シ	陶	芸	グ	数
喜	指	パ	動	品	影	平	り	ズ	ャ	物	ゲ	プ	ン
園	数	品	ャ	魔	ゲ	行	ー	レ	ル	ダ	算	術	ラ
パ	ボ	方	程	式	リ	ダ	法	ジ	狩	魔	喜	興	ャ
ゲ	リ	多	角	形	矩	ズ	興	ー	ズ	釣	ハ	ゼ	リ
画	ュ	垂	ム	辺	物	ル	書	喜	猟	ジ	法	レ	読
み	ー	直	釣	四	和	キ	パ	ゼ	プ	円	ク	プ	写
イ	ム	猟	喜	行	パ	動	影	み	真	撮	周	喜	キ
角	度	リ	ジ	平	ラ	編	三	ジ	釣	ャ	ゲ	ル	陶
パ	ク	品	ジ	編	キ	喜	角	幾	何	学	絵	ー	撮
り	り	り	味	ダ	対	称	形	レ	真	パ	陶	グ	撮
分	直	ル	ル	み	ラ	ラ	ー	み	シ	真	動	法	グ
数	物	径	半	ジ	興	レ	シ	編	真	撮	ャ	ハ	動

算術
分数
小数
三角形
直径
指数
幾何学
方程式
平行
平行四辺形
多角形
半径
矩形
垂直
対称
円周
ボリューム
角度
数字

95 - Messungen

画	編	ラ	キ	画	読	活	ゲ	ル	写	ラ	キ	味	猟
品	グ	ラ	芸	ロ	高	ン	喜	ラ	釣	写	ロ	味	狩
リ	レ	ル	狩	喜	メ	さ	長	味	味	猟	グ	度	シ
魔	ズ	魔	み	画	シ	ー	タ	ー	メ	ゲ	ラ	物	ジ
活	プ	動	興	陶	写	プ	ト	芸	リ	ズ	ム	ト	写
ル	陶	リ	エ	ン	チ	ン	イ	ル	動	プ	深	ン	動
ボ	リ	ュ	ー	ム	物	編	バ	ト	ム	ダ	さ	味	釣
パ	ー	法	ハ	興	ズ	興	ハ	ー	絵	写	重	園	イ
狩	猟	芸	ー	法	レ	法	影	メ	園	興	書	狩	猟
法	陶	り	活	ン	絵	書	み	チ	リ	ッ	ト	ル	ダ
り	ム	小	興	影	猟	ゼ	ス	ン	オ	シ	興	猟	シ
び	絵	数	レ	質	法	ル	シ	セ	読	喜	物	撮	読
グ	ラ	ム	ー	イ	量	品	幅	リ	パ	写	エ	園	レ
動	興	ル	シ	芸	び	ル	ル	陶	絵	編	読	活	分

バイト
小数
重さ
グラム
高さ
キログラム
キロメートル
長さ
リットル
質量
メーター
深さ
トン
オンス
ボリューム
センチメートル
インチ

96 - Boxen

陶	芸	書	猟	ズ	み	活	強	書	ロ	絵	編	レ	び
び	顎	読	読	ポ	イ	ン	ト	さ	ー	喜	書	真	書
活	活	芸	陶	物	り	物	グ	画	プ	読	パ	真	び
り	動	真	書	ベ	手	疲	れ	た	狩	び	レ	釣	活
コ	ー	ナ	ー	ル	相	袋	狩	写	陶	ク	ャ	品	パ
審	判	ク	ッ	キ	ー	活	エ	イ	編	み	狩	ゼ	動
ム	芸	り	り	ス	ゲ	動	パ	喜	喜	編	影	エ	ク
ー	プ	芸	魔	カ	怪	我	活	物	狩	活	レ	シ	園
イ	拳	ム	戦	ー	読	法	り	り	影	ジ	撮	読	ン
法	釣	ゼ	闘	ォ	画	イ	ル	ー	品	物	狩	体	法
ム	絵	肘	機	フ	回	ャ	釣	読	み	ル	み	動	影
リ	リ	ル	ク	芸	復	エ	味	興	影	エ	狩	ン	グ
猟	ル	法	ゲ	芸	物	絵	ハ	画	リ	影	ゼ	ダ	レ
動	イ	シ	真	品	ル	ー	写	ム	プ	真	グ	写	ズ

コーナー
疲れた
スキル
フォーカス
相手
ベル
手袋
戦闘機
キック
ポイント
回復
審判
ロープ
強さ
怪我

97 - Bauernhof #2

釣	グ	ー	ダ	グ	魔	マ	フ	ル	ー	ツ	ー	陶	イ
ャ	ズ	写	ゼ	興	ト	ラ	ク	タ	ー	園	絵	芸	陶
み	画	動	物	喜	オ	野	狩	ル	ゲ	真	羊	ン	法
小	麦	ジ	子	羊	ー	菜	パ	喜	物	ゼ	飼	農	写
ズ	釣	狩	ン	芸	チ	ハ	ハ	猟	ン	ジ	い	家	ー
び	ン	ク	ン	影	ャ	ミ	ル	ク	オ	興	ル	プ	ム
風	影	編	ズ	ン	ー	コ	園	動	オ	興	エ	納	ゼ
車	真	り	魔	蜂	ド	味	ル	活	ム	陶	ダ	リ	屋
レ	羊	ゼ	真	芸	の	ダ	写	パ	ギ	み	編	法	陶
み	パ	ム	リ	狩	魔	巣	リ	ゲ	狩	キ	キ	画	ア
シ	イ	撮	喜	牧	草	地	ゼ	パ	リ	ャ	パ	読	ヒ
ズ	書	灌	ル	園	ダ	物	び	動	ズ	編	パ	動	ル
狩	読	ラ	漑	画	ャ	グ	ャ	び	影	ル	編	ゲ	味
真	興	リ	パ	写	レ	物	ゲ	絵	ゼ	猟	ャ	キ	ハ

農家
灌漑
蜂の巣
アヒル
フルーツ
野菜
オオムギ
ラマ
子羊
コーン
ミルク
オーチャード
羊飼い
納屋
動物
トラクター
小麦
牧草地
風車

98 - Berufe #2

外	撮	パ	ク	レ	パ	イ	ラ	ス	ト	レ	ー	タ	ー
科	写	味	ゲ	猟	イ	エ	編	味	ム	ダ	レ	画	陶
医	パ	魔	猟	キ	ロ	芸	法	園	活	ル	釣	編	ル
ズ	ャ	ル	釣	先	ッ	ャ	読	味	園	法	ハ	探	偵
ジ	真	ダ	キ	生	ト	レ	読	編	イ	園	み	ル	釣
グ	編	編	ム	ラ	プ	狩	ラ	真	狩	ク	狩	魔	ン
法	シ	り	ゲ	ン	ゲ	味	狩	活	真	パ	ン	ャ	ジ
興	生	味	猟	読	ク	ゼ	レ	パ	ム	撮	真	ラ	ャ
ハ	リ	物	画	絵	エ	撮	哲	影	狩	司	興	グ	ー
り	プ	者	学	語	言	者	学	物	動	書	ャ	狩	ナ
物	影	医	パ	者	究	研	者	明	発	味	喜	編	リ
ル	動	歯	エ	ン	ジ	ニ	ア	ク	画	猟	釣	み	ス
医	師	活	猟	動	釣	庭	釣	興	レ	家	真	写	ト
宇	宙	飛	行	士	ム	写	師	ハ	び	影	ズ	ゼ	キ

医師
宇宙飛行士
司書
生物学者
外科医
探偵
発明者
研究者
写真家
庭師

イラストレーター
エンジニア
ジャーナリスト
先生
言語学者
画家
哲学者
パイロット
歯医者
動物学者

99 - Wetter

リ	ハ	写	芸	品	物	リ	法	プ	興	旱	魃	ー	法
キ	リ	雷	ゲ	釣	ド	ラ	イ	雲	喜	喜	温	虹	み
書	ケ	リ	真	編	み	エ	味	編	プ	み	度	釣	風
法	ー	狩	ラ	ム	ル	ジ	ル	興	レ	ズ	喜	書	エ
ゼ	ン	雰	法	写	書	シ	嵐	エ	物	ー	読	イ	写
絵	ハ	囲	撮	気	候	園	編	絵	画	狩	園	ム	興
動	園	気	り	品	写	イ	り	ダ	画	陶	活	物	み
書	興	レ	釣	ラ	ゼ	ラ	氷	影	動	グ	写	興	ズ
興	ク	リ	エ	ー	編	稲	び	編	魔	ゲ	そ	よ	風
魔	キ	猟	芸	モ	動	絵	妻	極	真	レ	絵	パ	ダ
興	動	ャ	ハ	味	ン	ハ	ハ	性	写	ゼ	陶	ジ	真
ズ	リ	ー	り	編	喜	ス	興	影	動	釣	エ	ク	シ
竜	霧	興	パ	リ	ン	ゲ	ー	絵	キ	法	法	空	活
巻	リ	ズ	喜	パ	プ	ハ	び	ン	ト	ロ	ピ	カ	ル

雰囲気
稲妻
そよ風
旱魃
ハリケーン
気候
モンスーン
極性
温度
竜巻
ドライ
トロピカル

100 - Chemie

プ	撮	絵	み	キ	イ	ゲ	味	り	キ	シ	真	ル	ク
温	写	読	ハ	ゲ	喜	ハ	エ	重	ダ	ン	写	エ	プ
ク	度	ン	イ	撮	イ	キ	レ	さ	グ	触	媒	ク	芸
熱	写	写	オ	写	芸	絵	芸	電	ハ	ク	ム	液	体
み	魔	喜	ン	味	ム	ム	シ	子	影	猟	影	ル	読
法	ク	ム	リ	猟	シ	撮	ル	活	法	猟	書	パ	ゼ
エ	画	芸	陶	グ	喜	シ	核	撮	芸	物	ー	猟	有
撮	ハ	エ	釣	酵	素	水	プ	味	酸	ン	グ	ャ	機
撮	ー	ダ	品	リ	炭	法	プ	ム	素	読	芸	読	画
ム	エ	み	ガ	ス	反	応	魔	ー	味	ン	法	読	パ
び	ジ	ゼ	興	ム	写	真	み	ク	び	物	書	狩	ー
リ	リ	ー	陶	陶	ハ	グ	ハ	分	子	狩	喜	ハ	ダ
魔	絵	喜	ゼ	活	魔	エ	リ	み	魔	品	塩	素	狩
ア	ル	カ	リ	性	り	イ	魔	ム	品	ャ	プ	狩	撮

アルカリ性
塩素
電子
酵素
液体
ガス
重さ
イオン

触媒
炭素
分子
有機
反応
酸素
温度
水素

1 - Gesundheit und Wellness #2

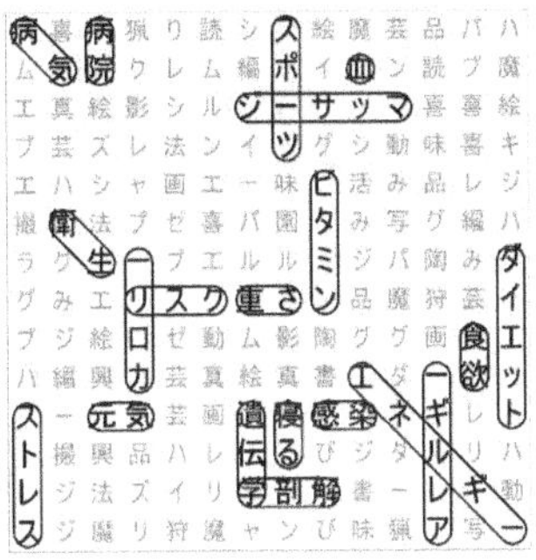

2 - Ozean

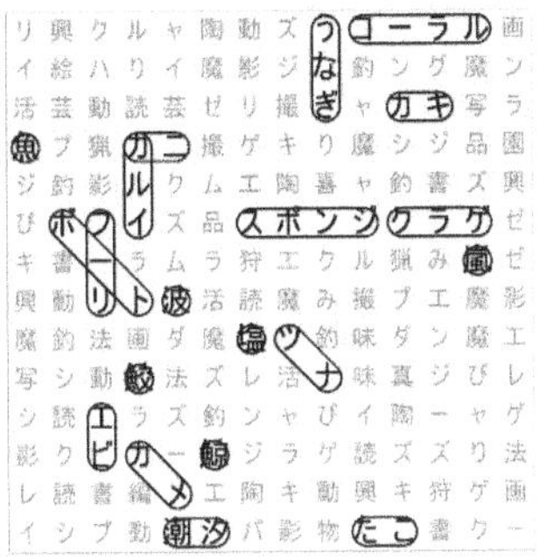

3 - Meditation

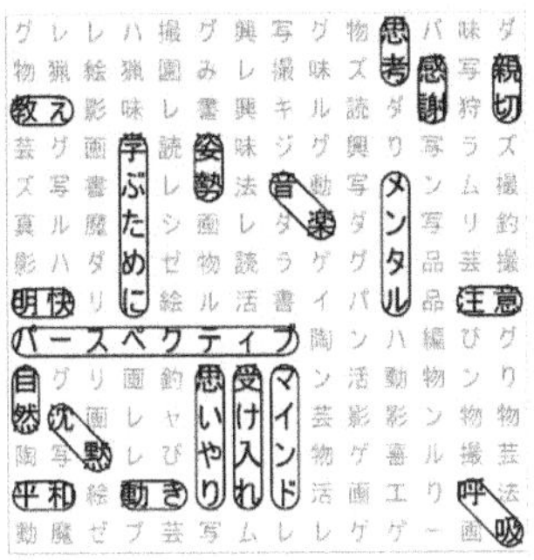

4 - Archäologie

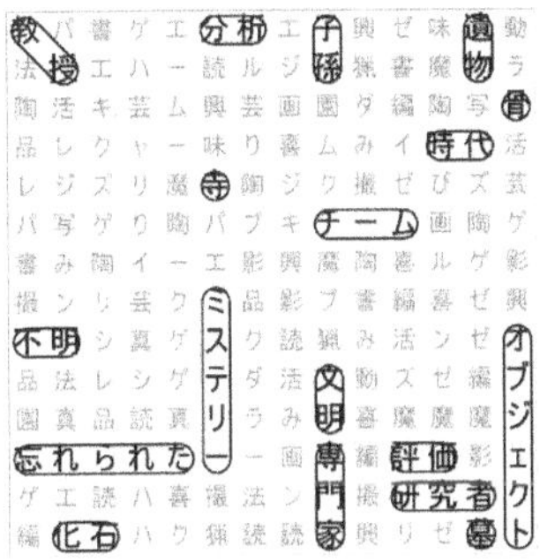

5 - Gesundheit und Wellness #1

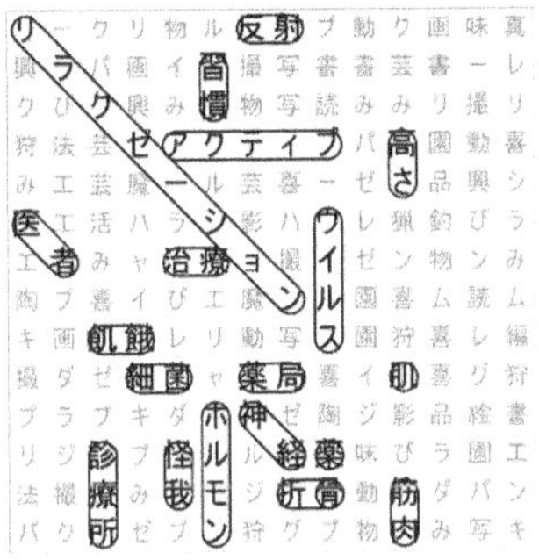

6 - Obst

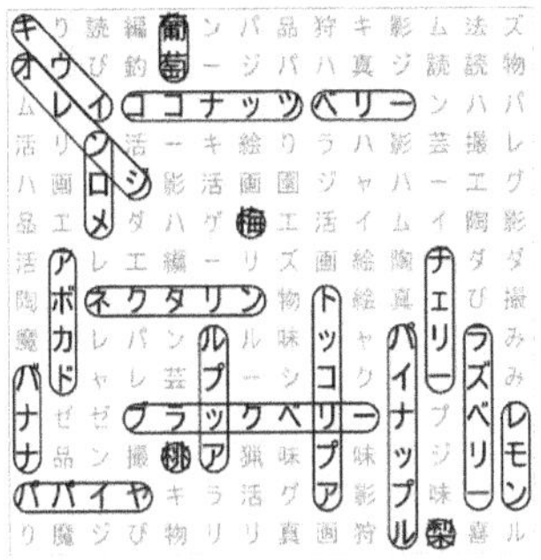

7 - Universum

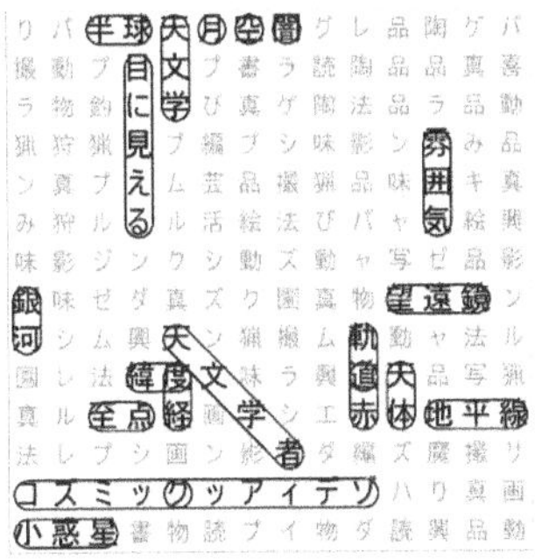

8 - Camping

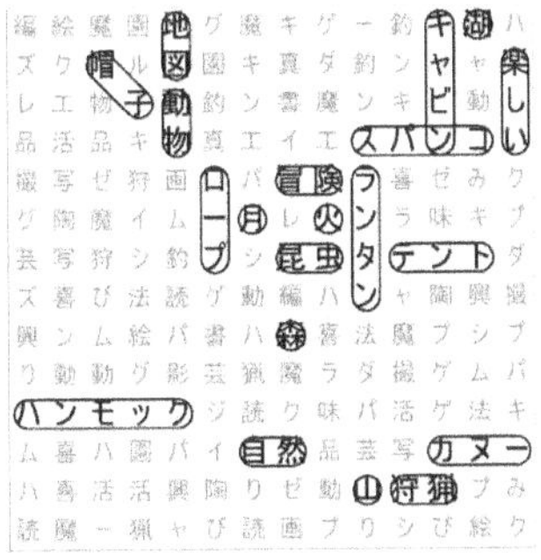

9 - Zeit

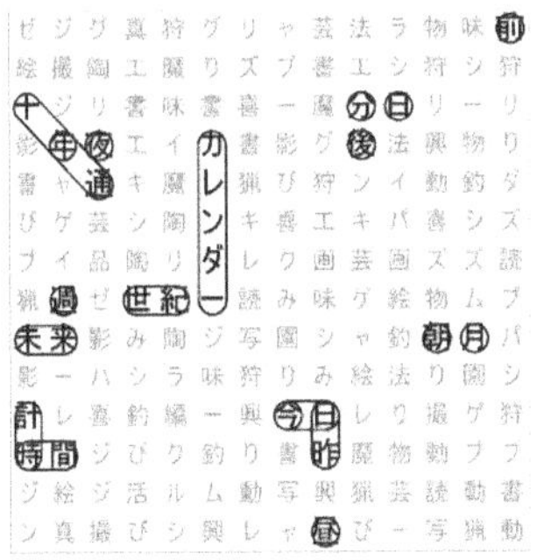

10 - Säugetiere

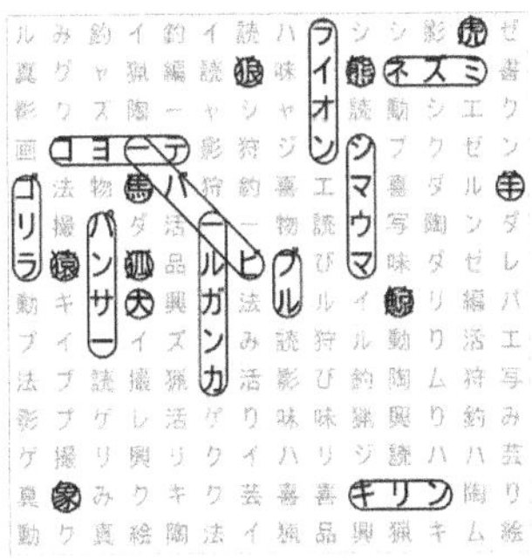

11 - Algebra

12 - Diplomatie

13 - Astronomie

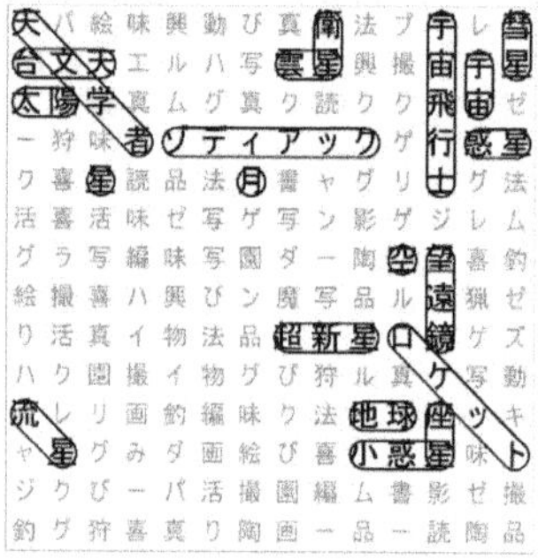

14 - Ballett

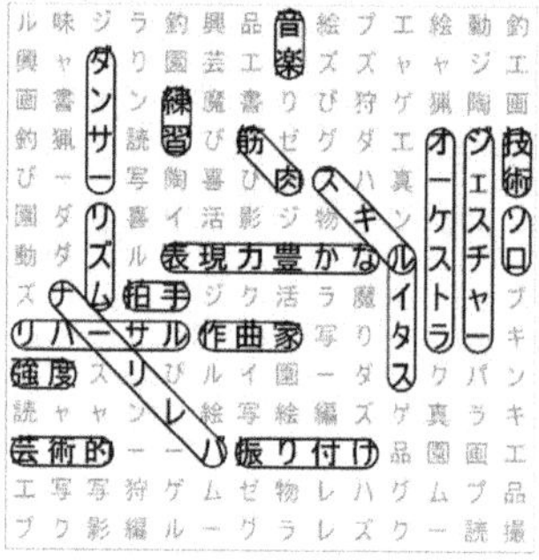

15 - Geologie

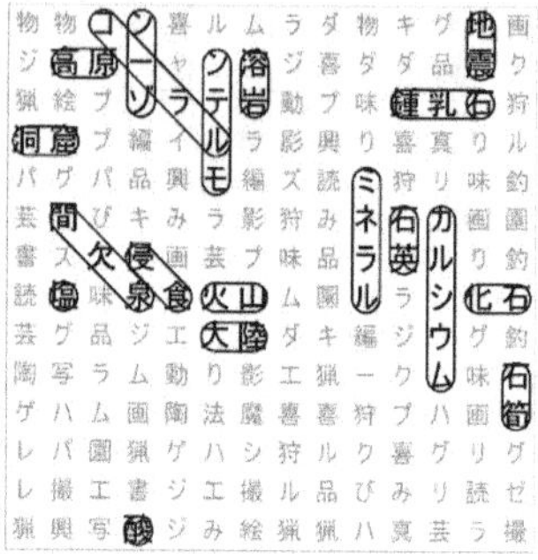

16 - Wissenschaft

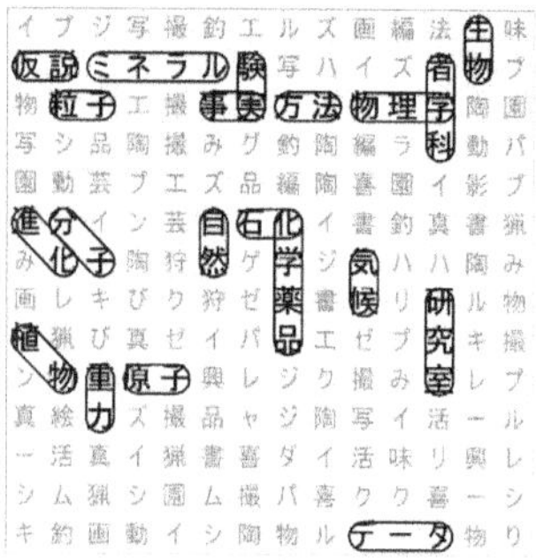

17 - Bildende Kunst

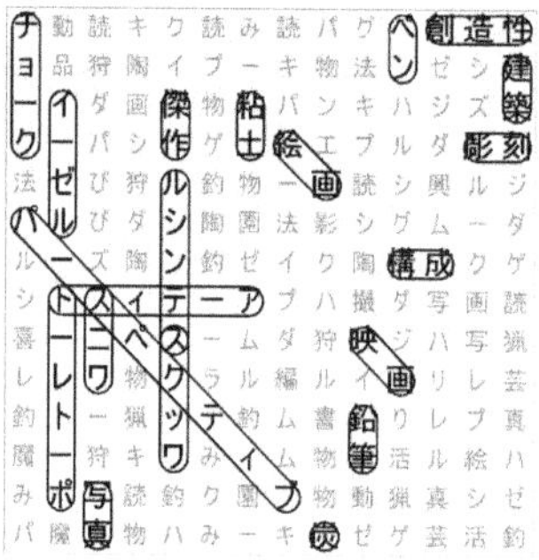

18 - Mythologie

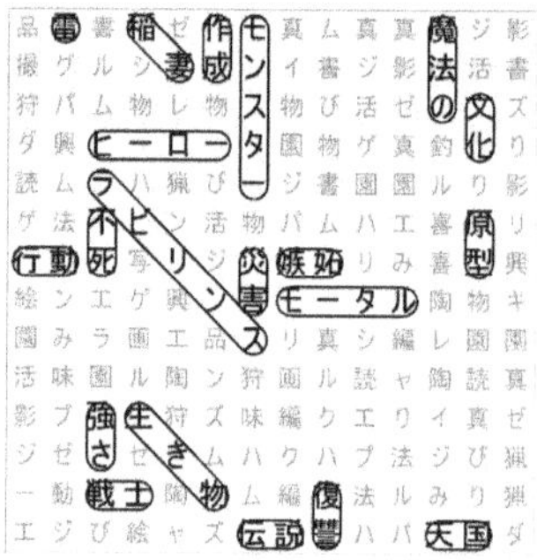

19 - Kraft und Schwerkraft

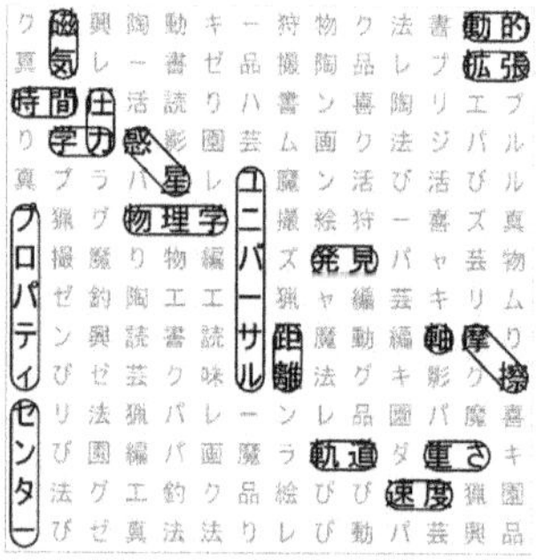

20 - Restaurant #2

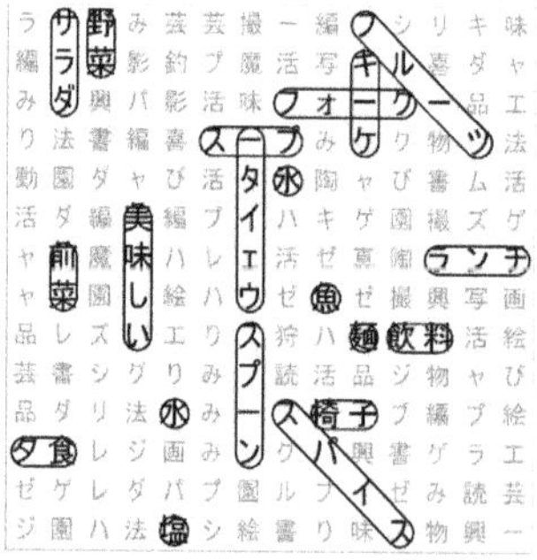

21 - Ökologie

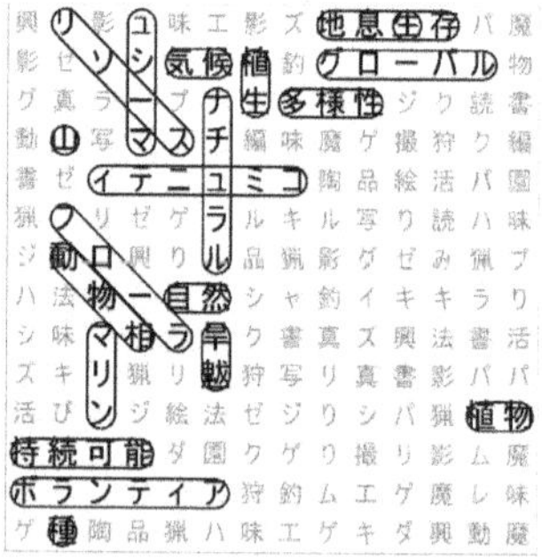

22 - Schokolade

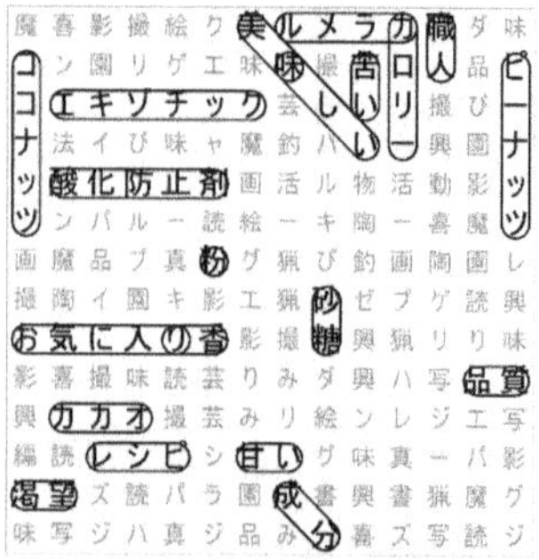

23 - Boote

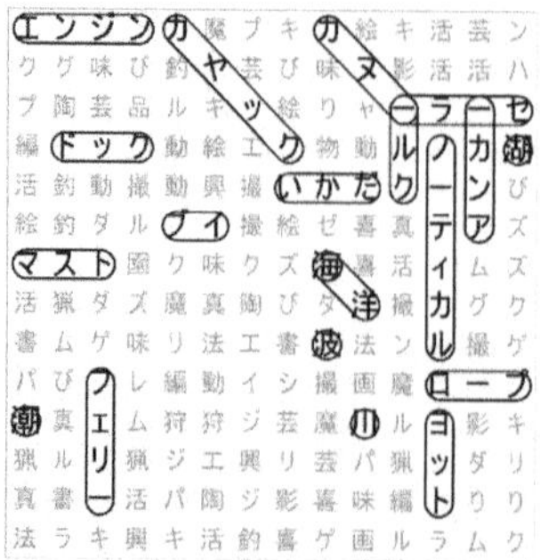

24 - Stadt

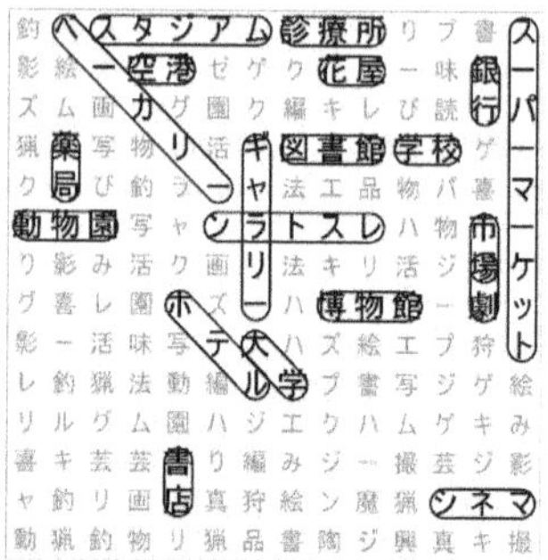

25 - Aktivitäten

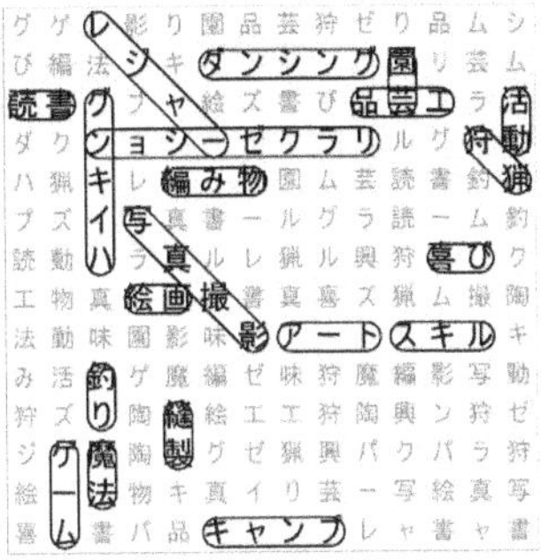

26 - Bienen

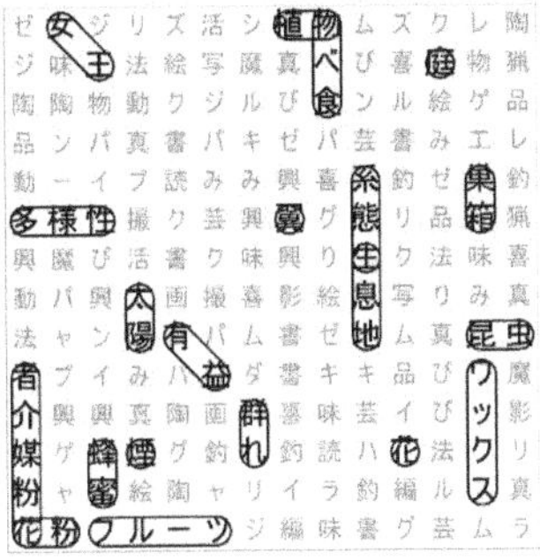

27 - Wissenschaftliche

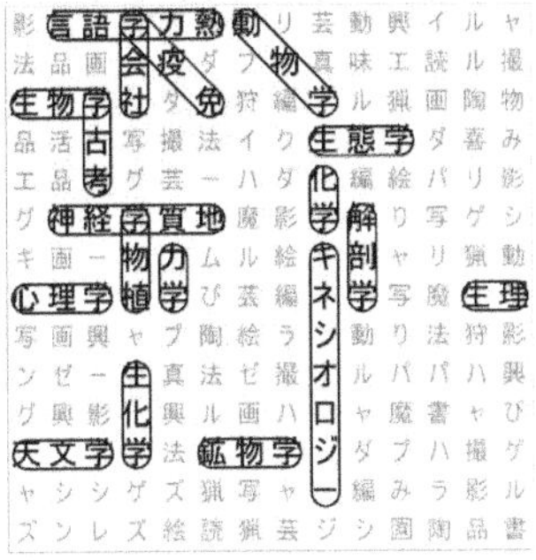

28 - Vögel

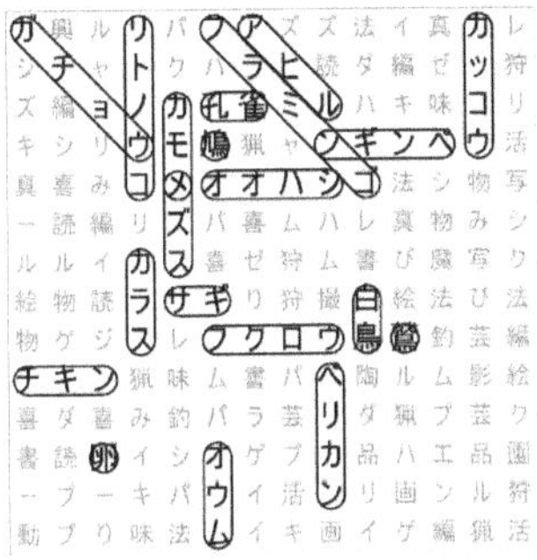

29 - Elektrizität

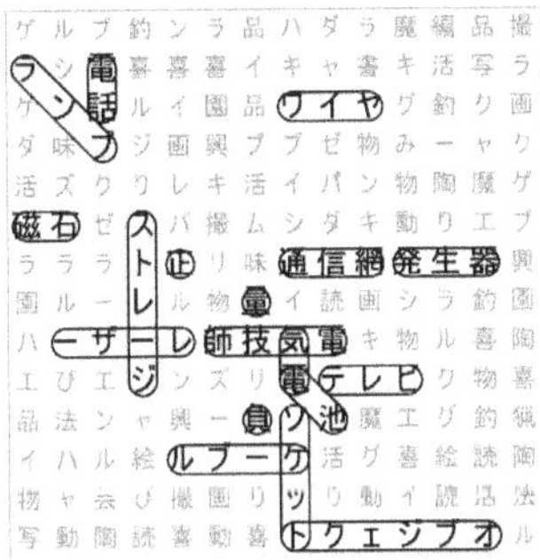

30 - Garten

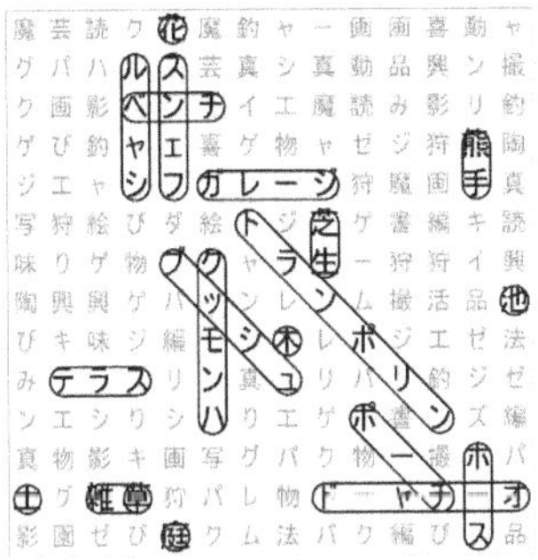

31 - Antarktis

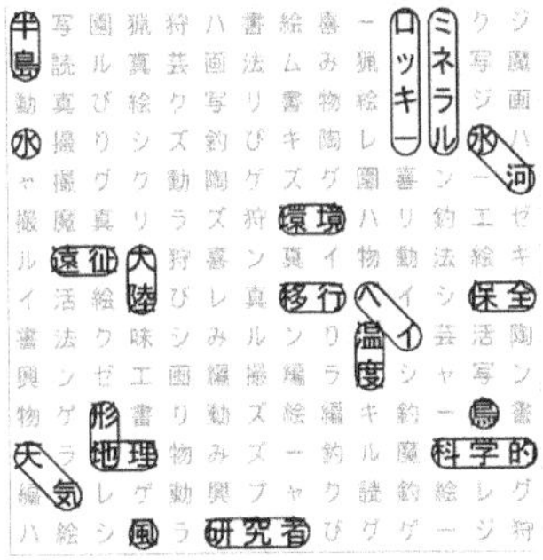

32 - Fahren

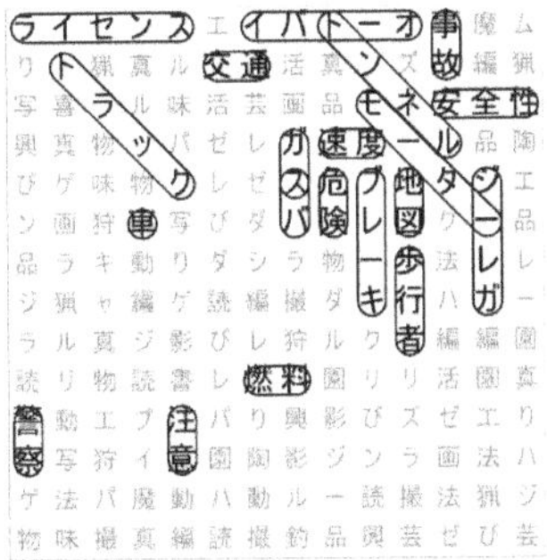

33 - Physik

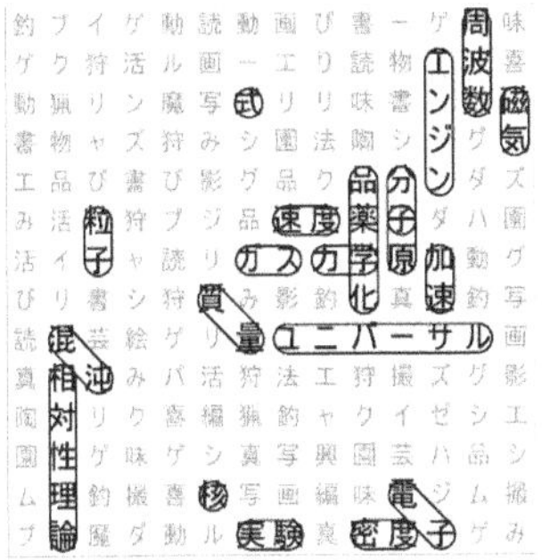

34 - Bücher

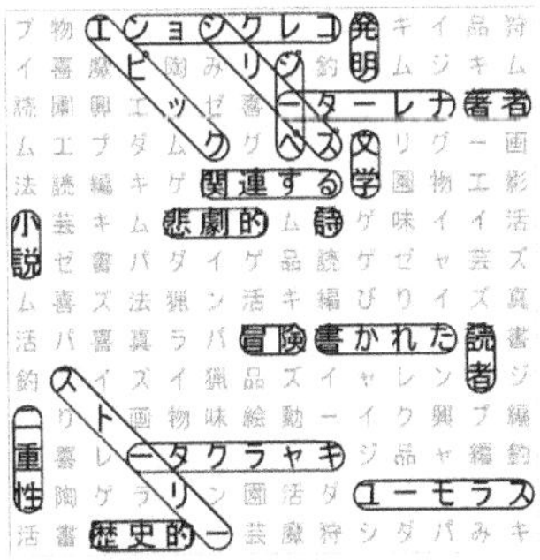

35 - Menschlicher Körper

36 - Landschaften

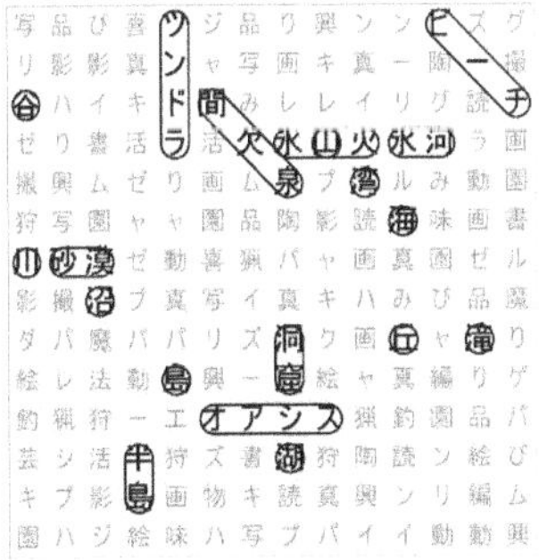

37 - Abenteuer

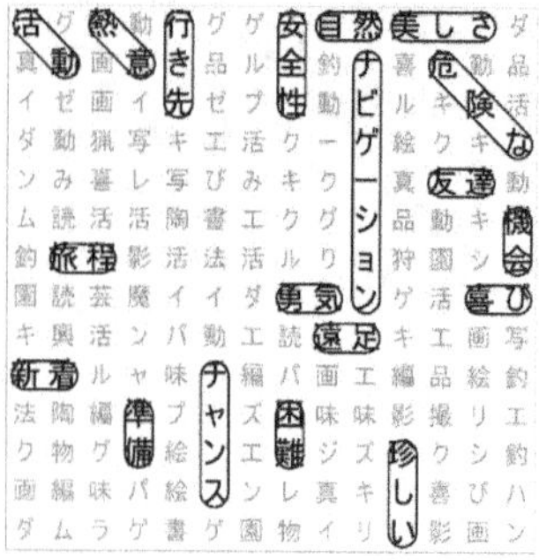

38 - Flugzeuge

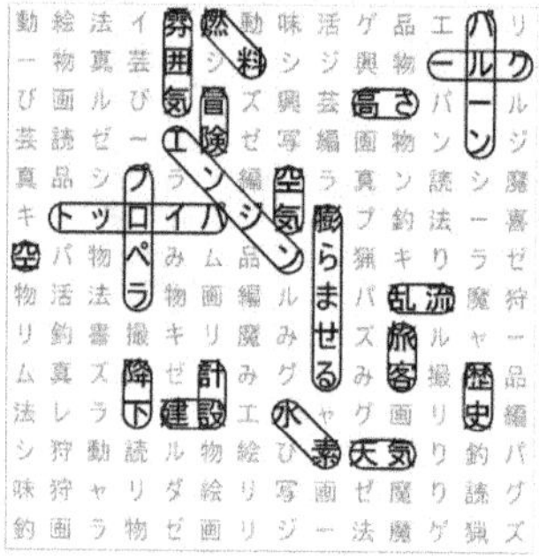

39 - Haartypen

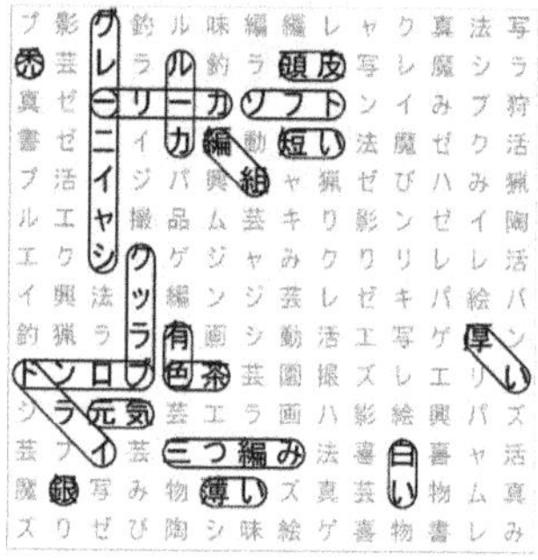

40 - Essen #1

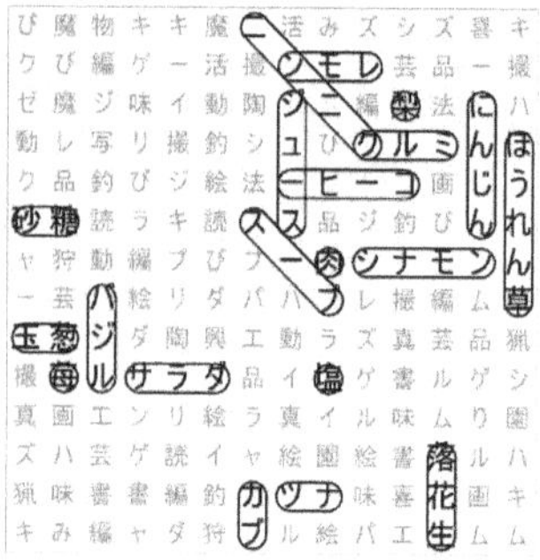

41 - Ethik

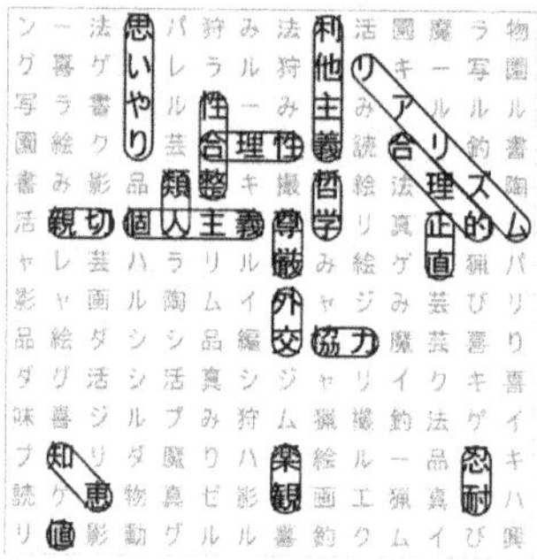

42 - Gebäude

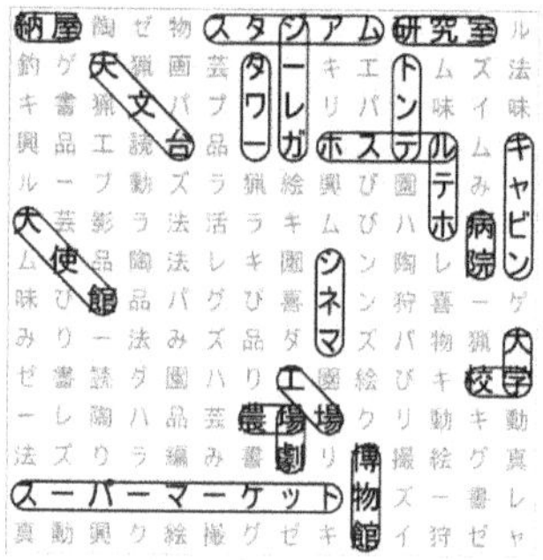

43 - Mode

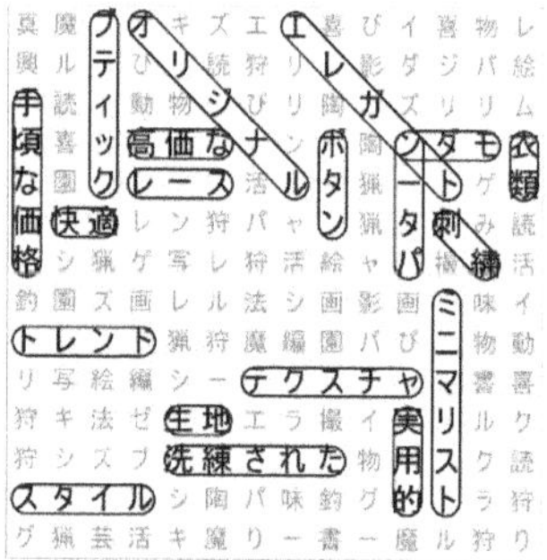

44 - Essen #2

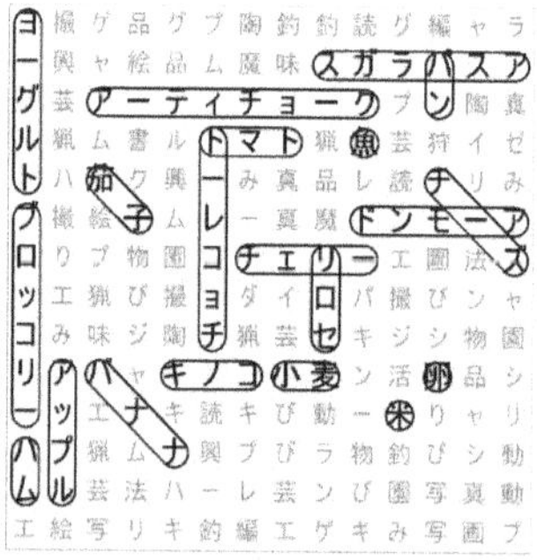

45 - Energie

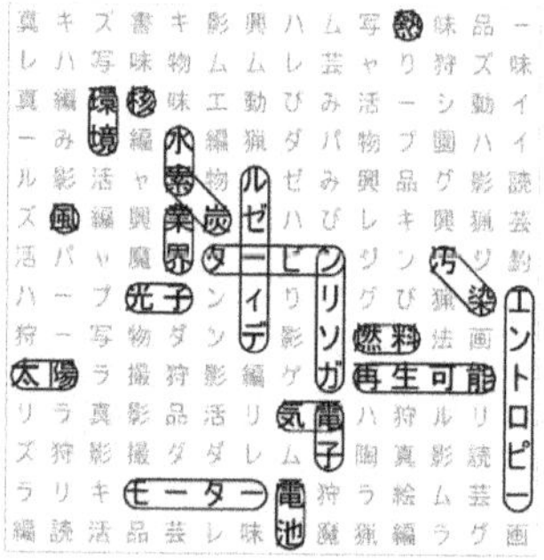

46 - Familie

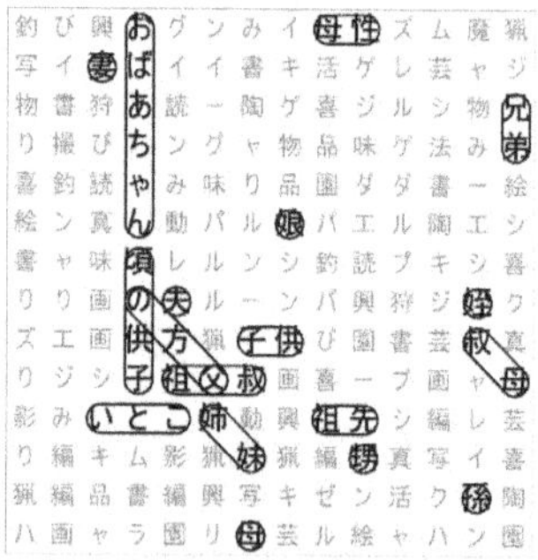

47 - Pflanzen

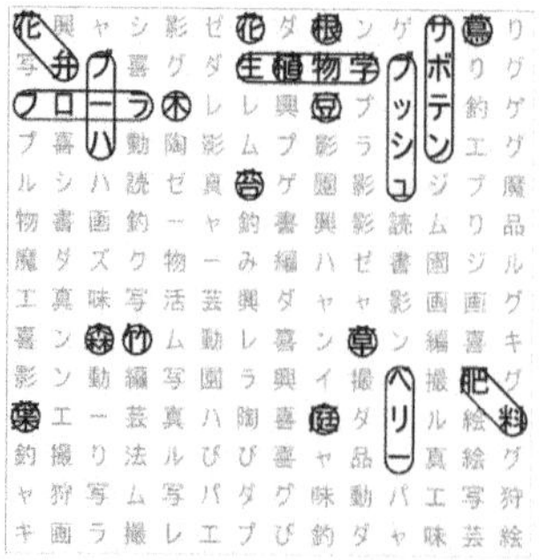

48 - Kunst

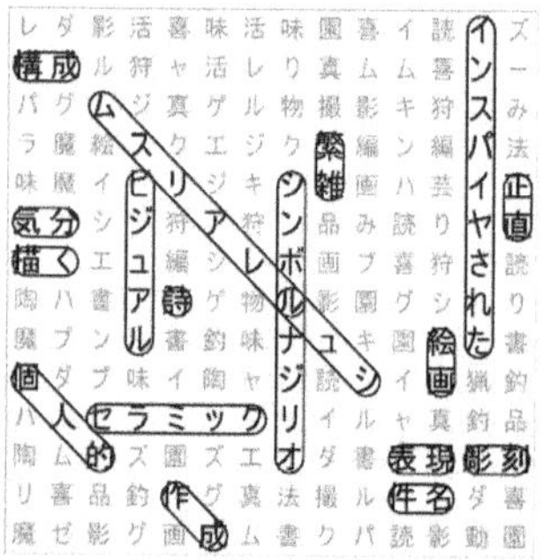

49 - Gewürze

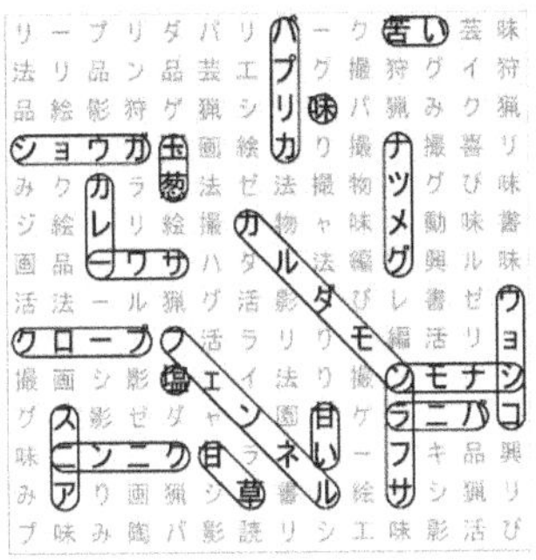

50 - Kreativität

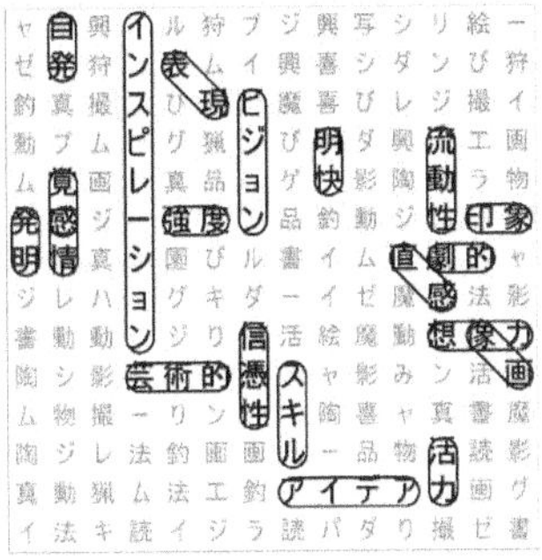

51 - Geschäft

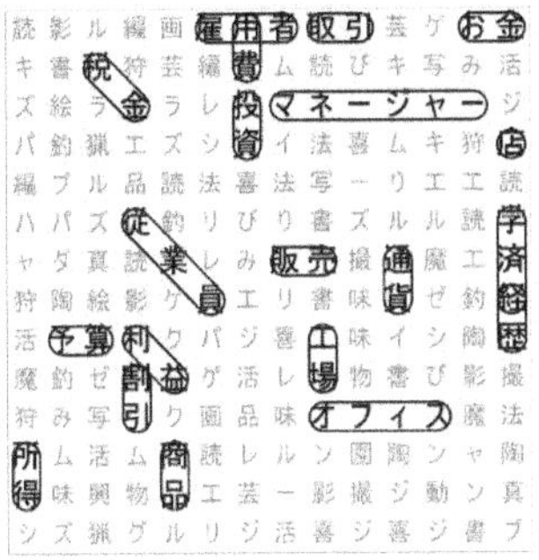

52 - Ingenieurwesen

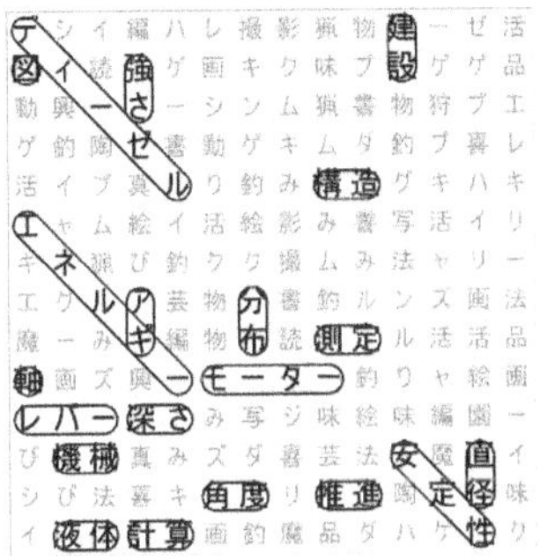

53 - Kaffee

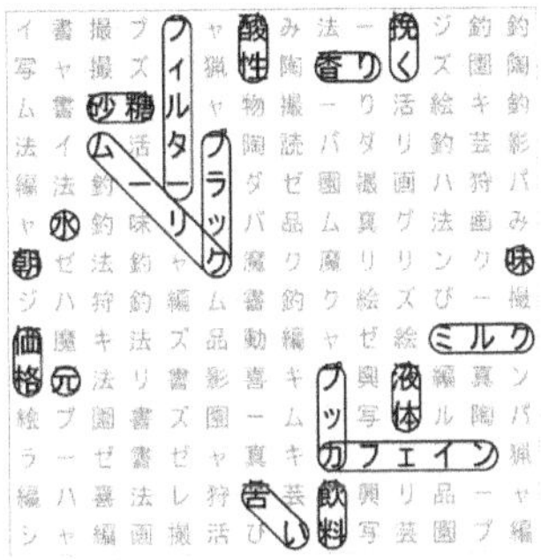

54 - Gemüse

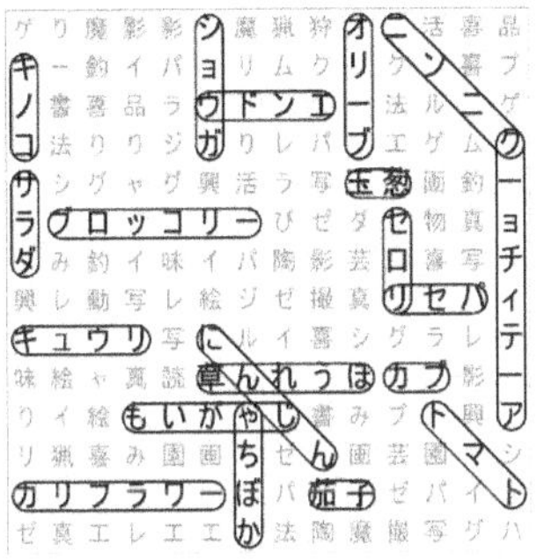

55 - Schönheit

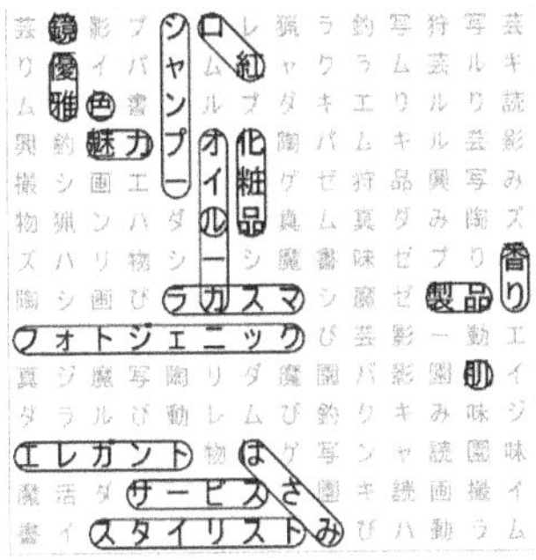

56 - Ernährung

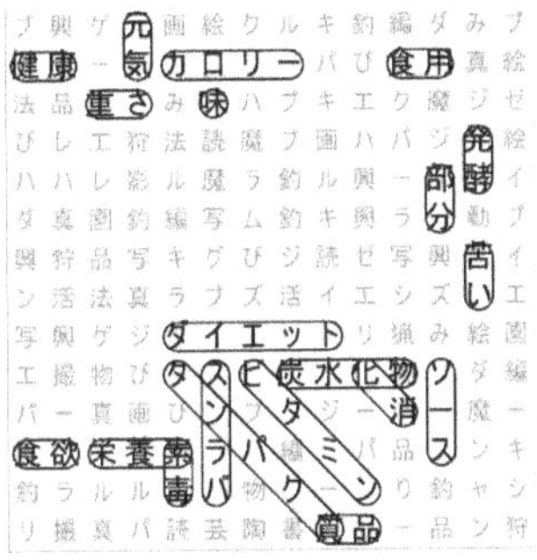

57 - Länder #1

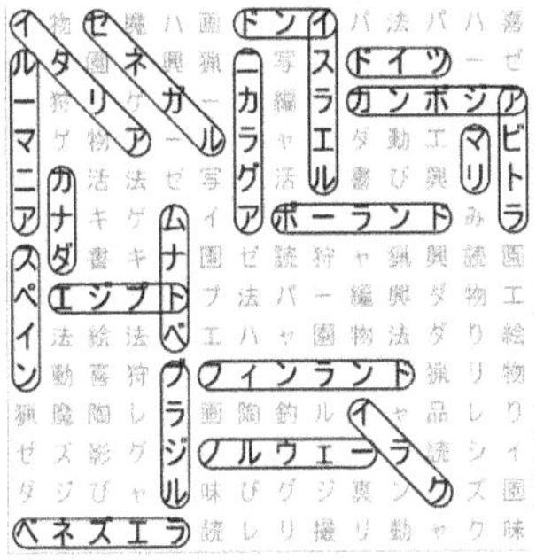

58 - Technologie

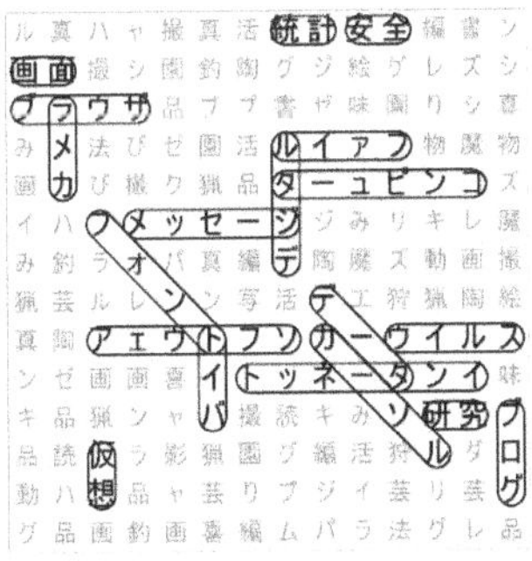

59 - Wasser

60 - Science Fiction

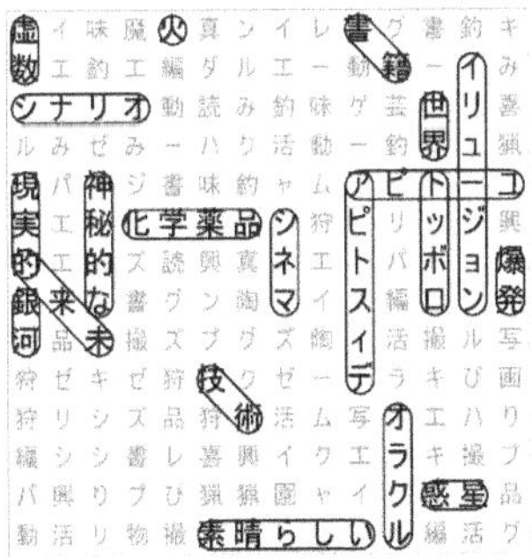

61 - Haustiere

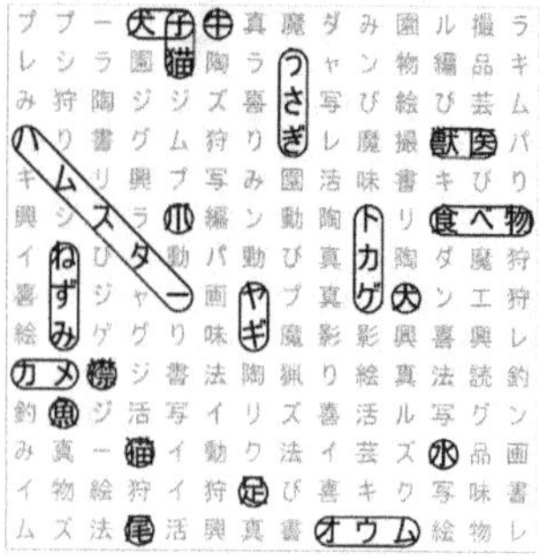

62 - Literatur

63 - Wandern

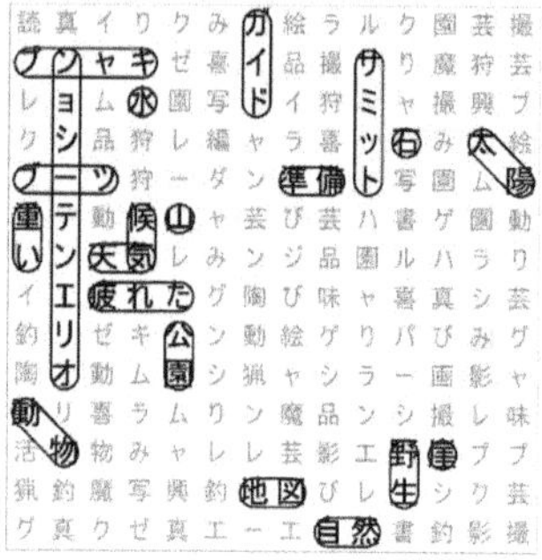

64 - Länder #2

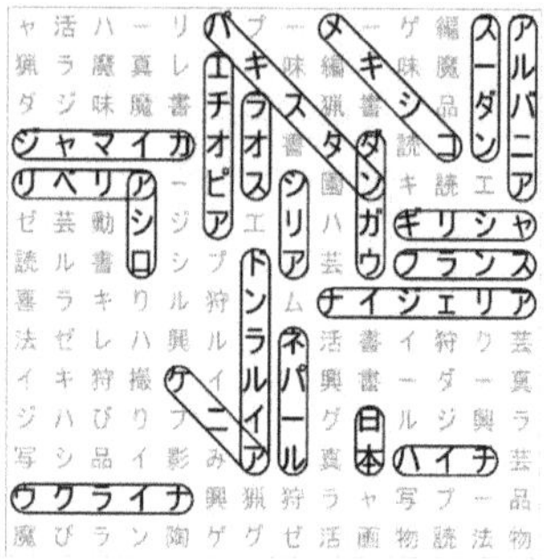

65 - Fahrzeuge

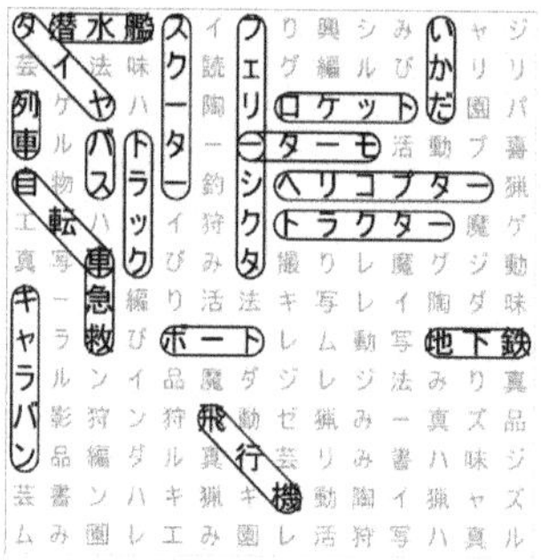

66 - Musikinstrumente

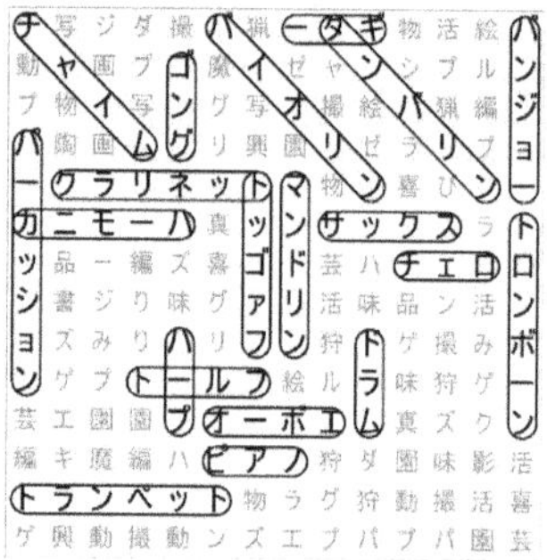

67 - Blumen

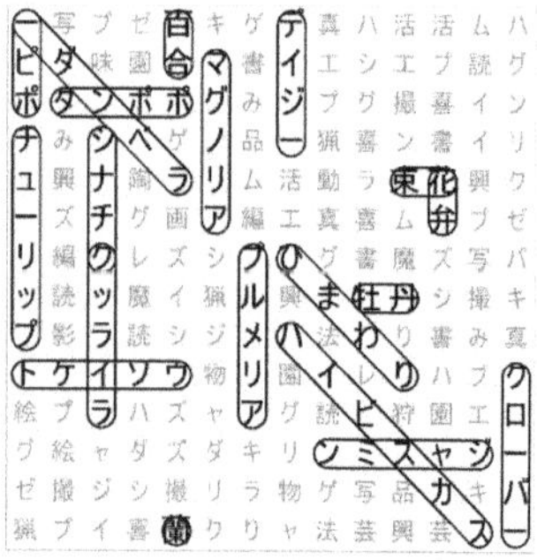

68 - Natur

69 - Urlaub #2

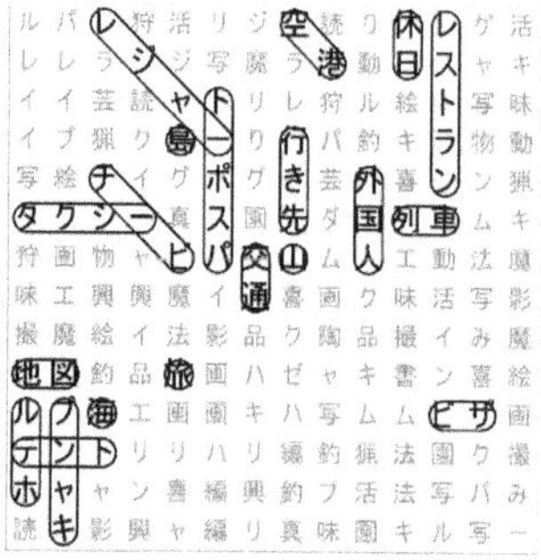

70 - Zirkus

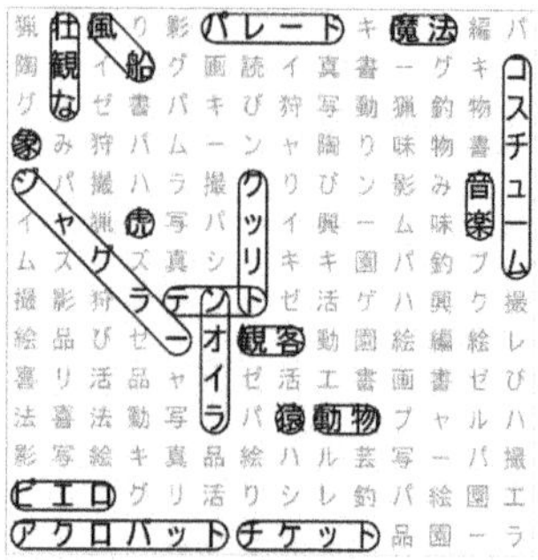

71 - Barbecues

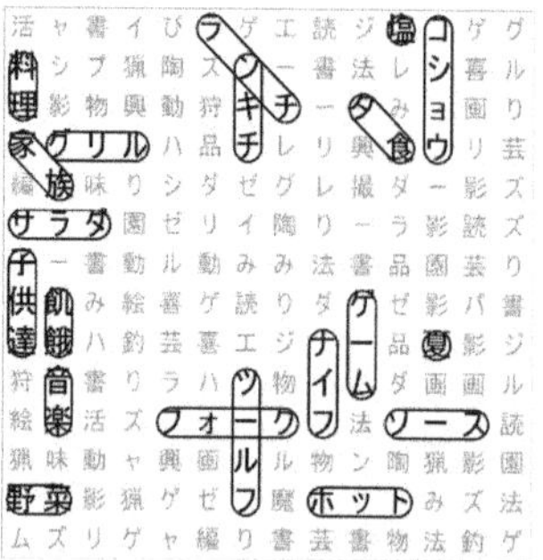

72 - Schach

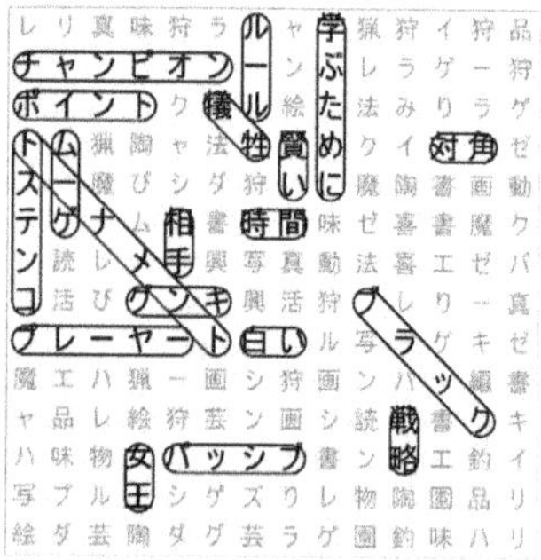

73 - Geographie

74 - Zahlen

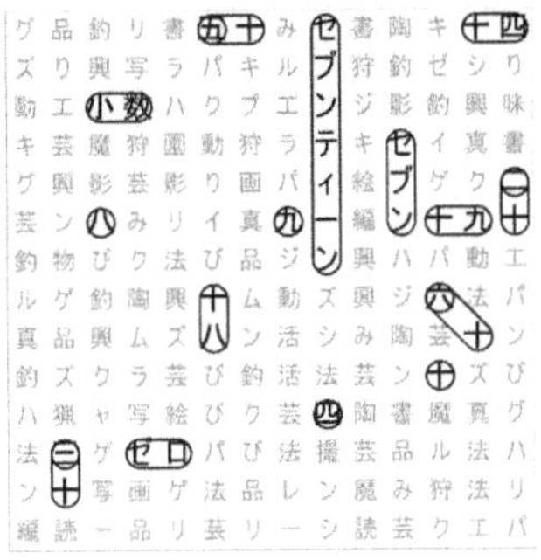

75 - Kunst Liefert

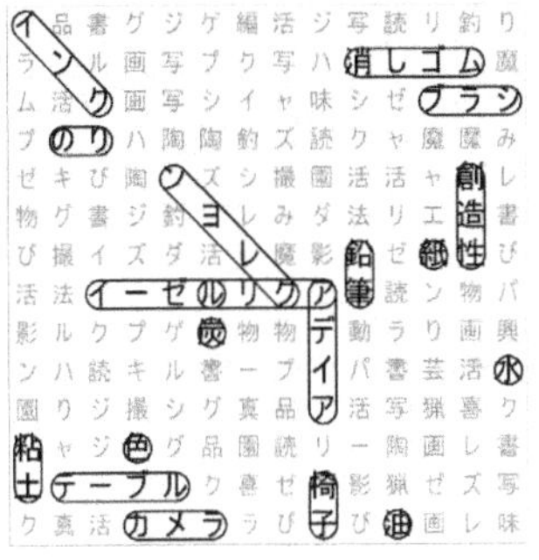

76 - Tage und Monate

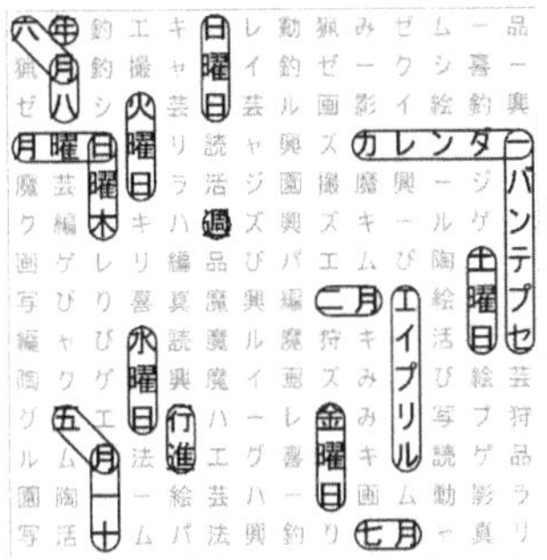

77 - Zu Füllen

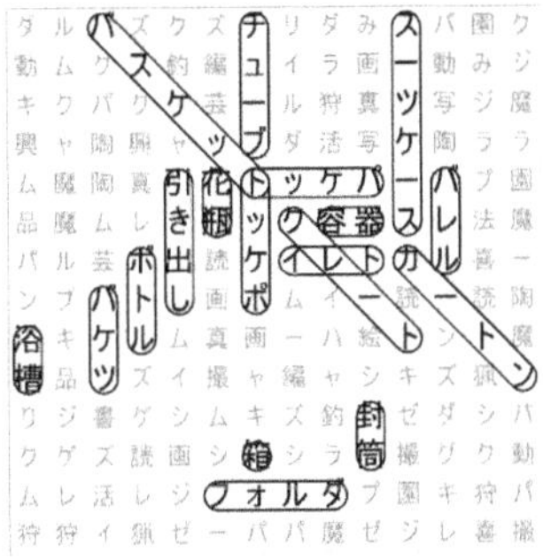

78 - Das Unternehmen

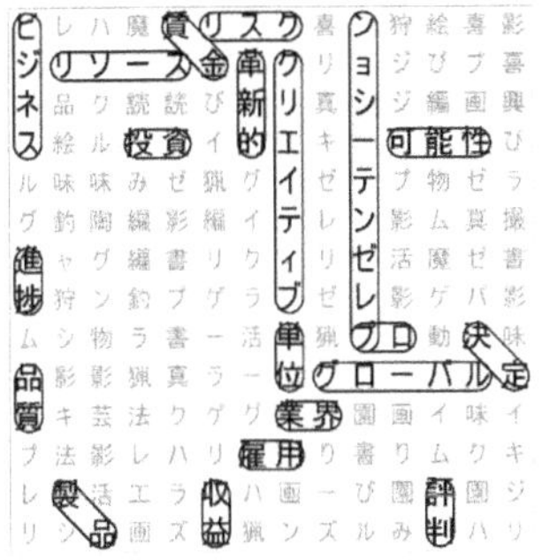

79 - Möbel

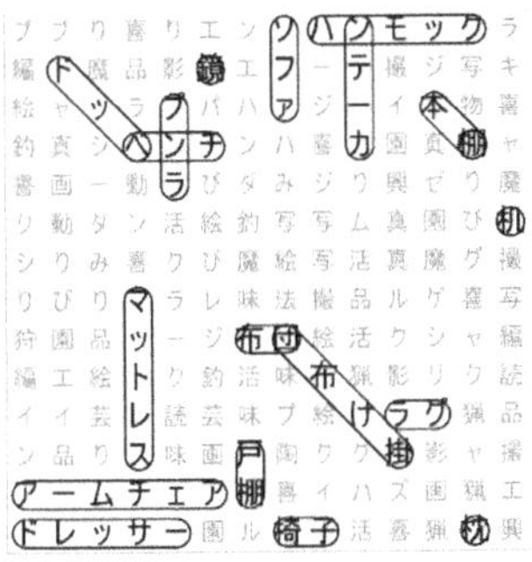

80 - Kräuterkunde

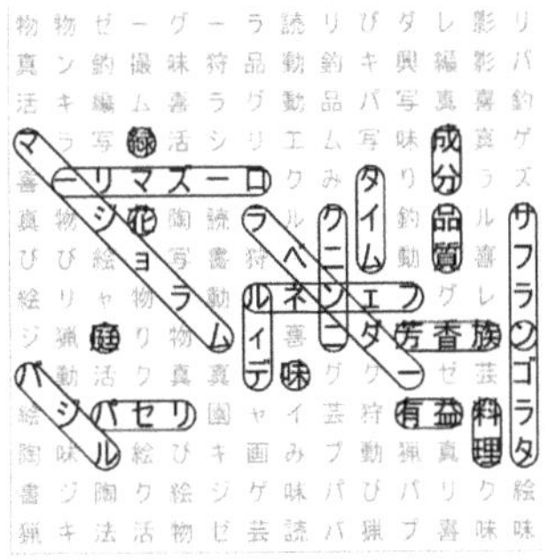

81 - Aktivitäten und Freizeit

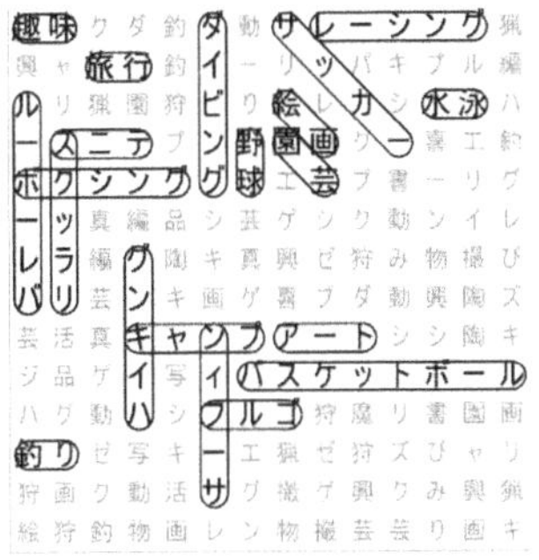

82 - Musik

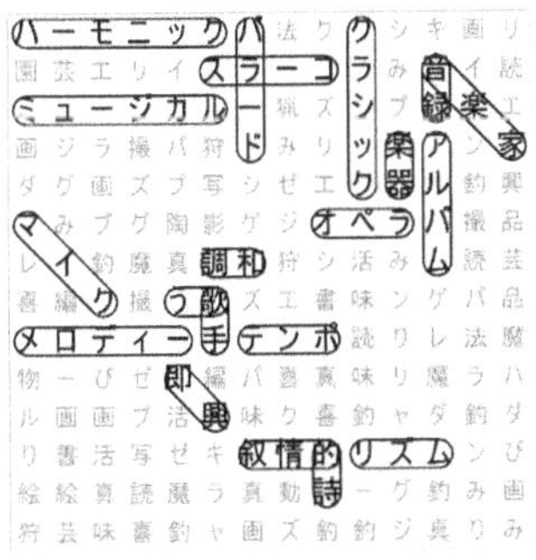

83 - Antiquitäten

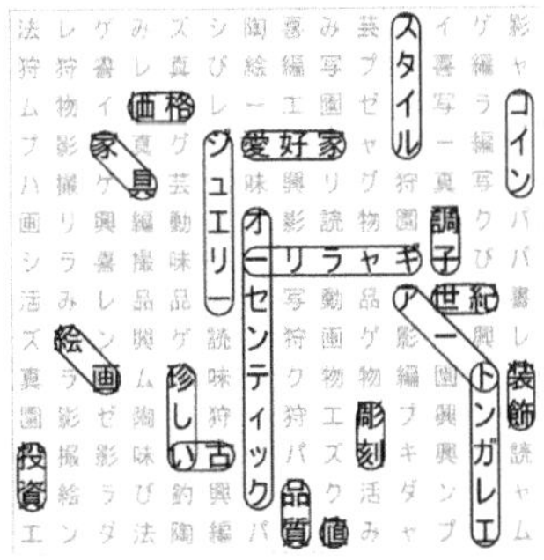

84 - Adjektive #2

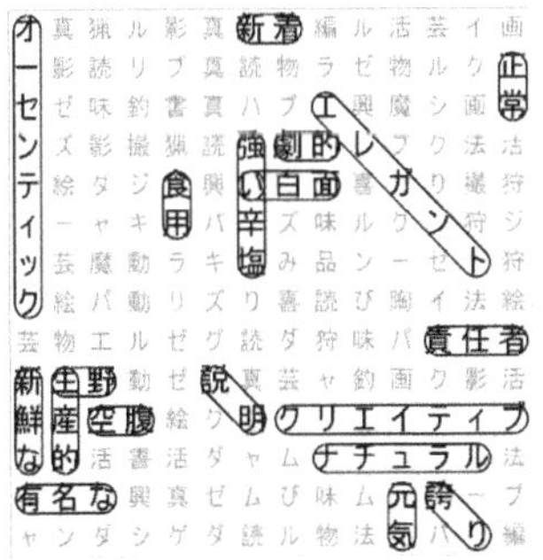

85 - Kleidung

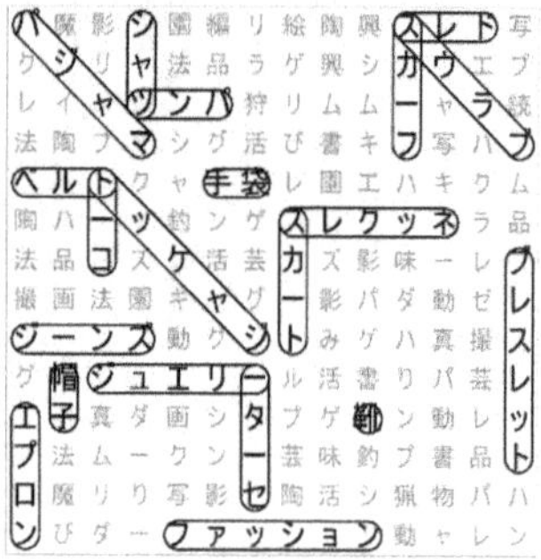

86 - Farben

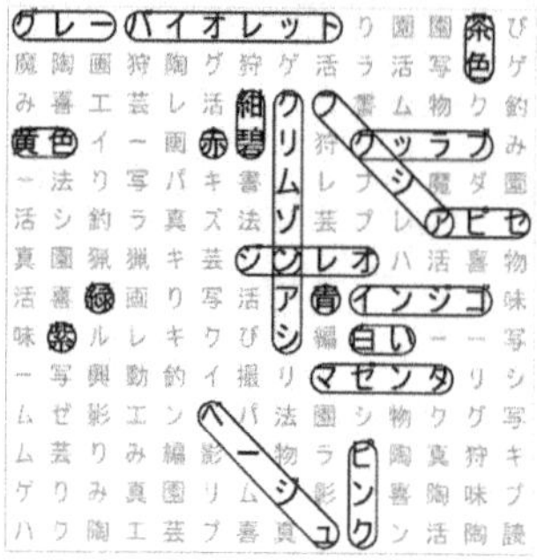

87 - Haus

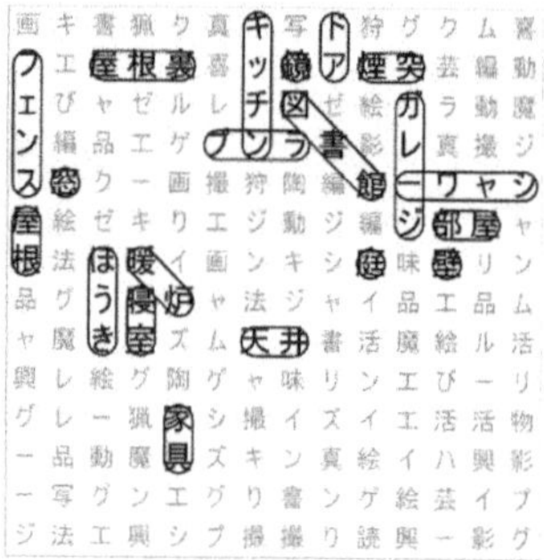

88 - Bauernhof #1

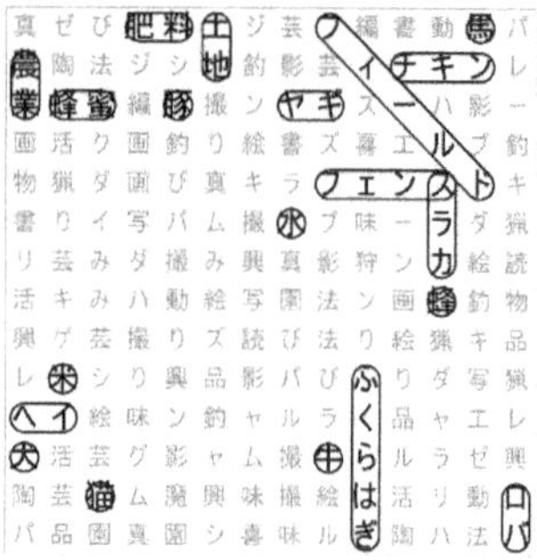

89 - Regierung

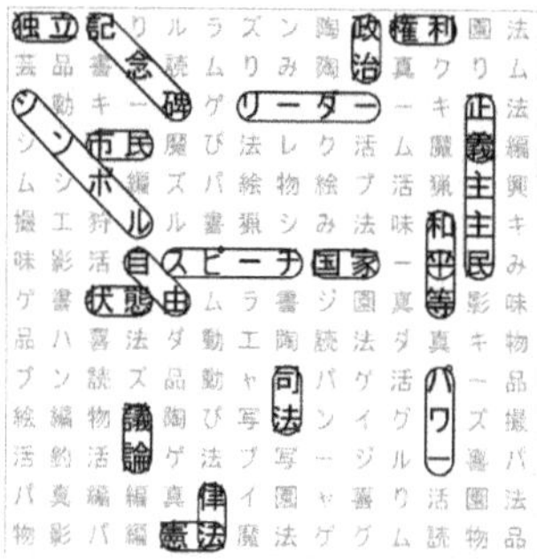

90 - Berufe #1

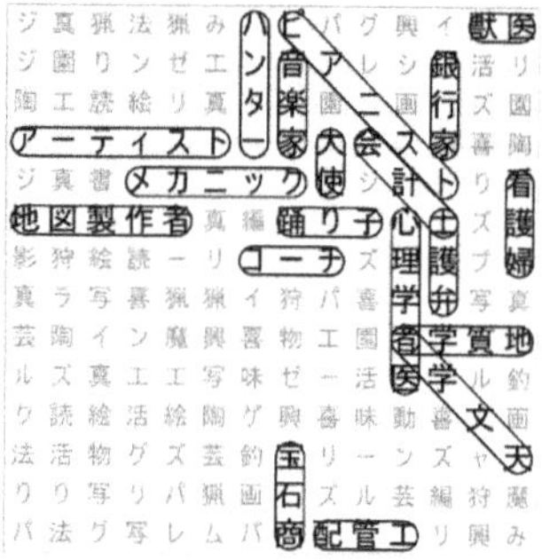

91 - Adjektive #1

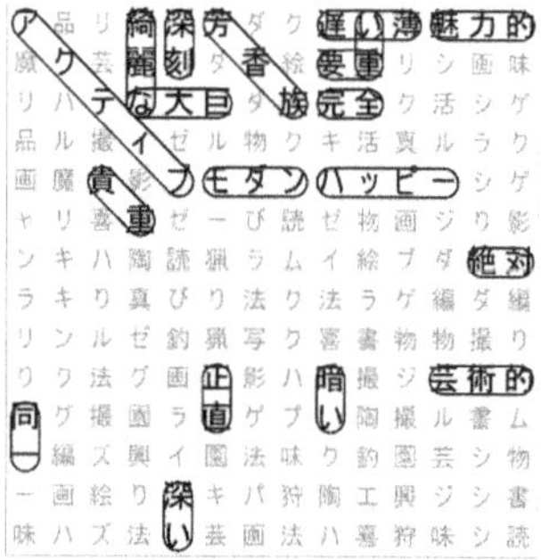

92 - Geometrie

93 - Jazz

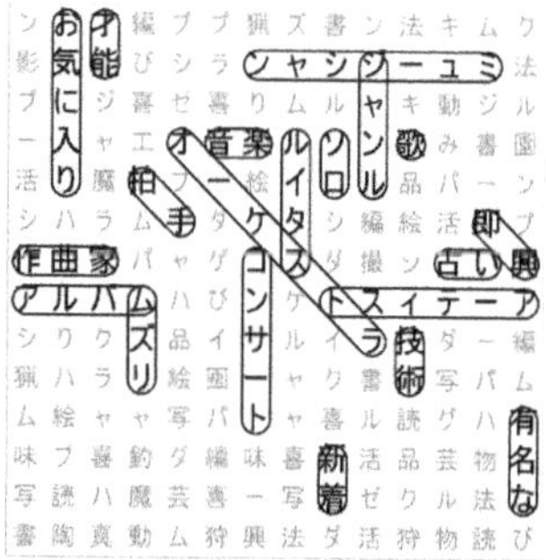

94 - Mathematik

95 - Messungen

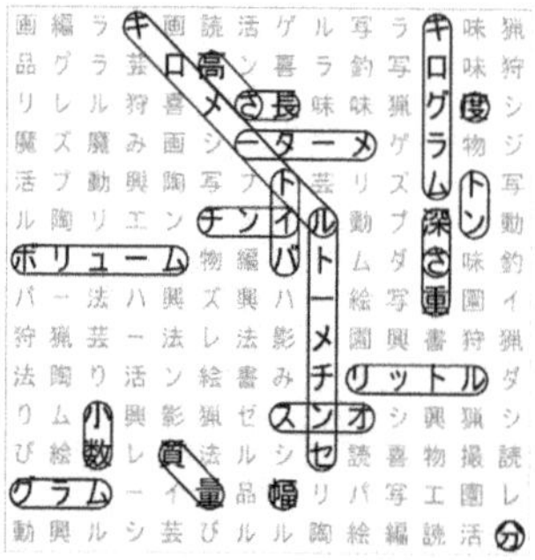

96 - Boxen

97 - Bauernhof #2

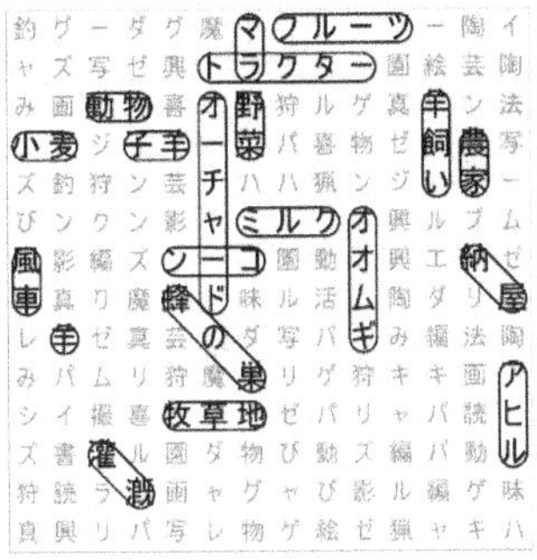

98 - Berufe #2

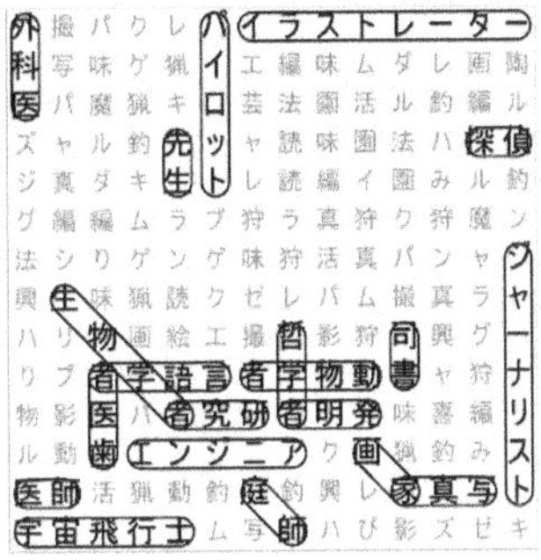

99 - Wetter

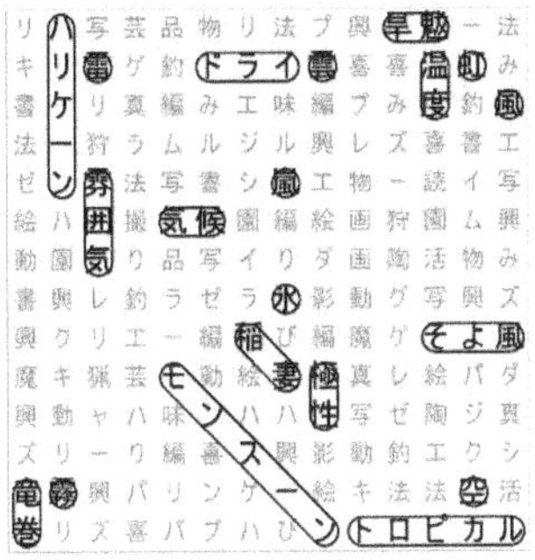

100 - Chemie

Wörterbuch

Abenteuer
アドベンチャー

Aktivität	活動
Ausflug	遠足
Begeisterung	熱意
Chance	チャンス
Freude	喜び
Freunde	友達
Gefährlich	危険な
Gelegenheit	機会
Natur	自然
Navigation	ナビゲーション
Neu	新着
Route	旅程
Schönheit	美しさ
Schwierigkeit	困難
Sicherheit	安全性
Tapferkeit	勇気
Ungewöhnlich	珍しい
Vorbereitung	準備
Ziel	行き先

Adjektive #1
形容詞 #1

Absolut	絶対
Aktiv	アクティブ
Aromatisch	芳香族
Attraktiv	魅力的
Dunkel	暗い
Dünn	薄い
Ehrlich	正直
Ernst	深刻
Glücklich	ハッピー
Identisch	同一
Künstlerisch	芸術的
Langsam	遅い
Modern	モダン
Perfekt	完全
Riesig	巨大な
Schön	綺麗な
Schwer	重い
Tief	深い
Wertvoll	貴重
Wichtig	重要

Adjektive #2
形容詞 #2

Authentisch	オーセンティック
Berühmt	有名な
Beschreibend	説明
Dramatisch	劇的
Elegant	エレガント
Essbar	食用
Frisch	新鮮な
Gesund	元気
Hungrig	空腹
Interessant	面白い
Kreativ	クリエイティブ
Natürlich	ナチュラル
Neu	新着
Normal	正常
Produktiv	生産的
Salzig	塩辛い
Stark	強い
Stolz	誇り
Verantwortlich	責任者
Wild	野生

Aktivitäten
アクティビティ

Aktivität	活動
Angeln	釣り
Camping	キャンプ
Entspannung	リラクゼーション
Fähigkeit	スキル
Fotografie	写真撮影
Freizeit	レジャー
Gartenarbeit	園芸
Gemälde	絵画
Jagd	狩猟
Kunst	アート
Kunsthandwerk	工芸品
Lesen	読書
Magie	魔法
Nähen	縫製
Spiele	ゲーム
Stricken	編み物
Tanzen	ダンシング
Vergnügen	喜び
Wandern	ハイキング

Aktivitäten und Freizeit
アクティビティとレジャー

Angeln	釣り
Baseball	野球
Basketball	バスケットボール
Boxen	ボクシング
Camping	キャンプ
Entspannend	リラックス
Fussball	サッカー
Gartenarbeit	園芸
Gemälde	絵画
Golf	ゴルフ
Hobbies	趣味
Kunst	アート
Reise	旅行
Rennen	レーシング
Schwimmen	水泳
Surfen	サーフィン
Tauchen	ダイビング
Tennis	テニス
Volleyball	バレーボール
Wandern	ハイキング

Algebra
代数学

Bruchteil	分数
Diagramm	図
Exponent	指数
Faktor	因子
Falsch	偽
Formel	式
Gleichung	方程式
Graph	グラフ
Linear	線形
Lösung	解決
Matrix	マトリックス
Menge	量
Null	ゼロ
Nummer	番号
Problem	問題
Subtraktion	減算
Summe	和
Unendlich	無限
Variable	変数
Vereinfachen	単純化

Antarktis
南極大陸

Bucht	ベイ
Eis	氷
Erhaltung	保全
Expedition	遠征
Felsig	ロッキー
Forscher	研究者
Geographie	地理
Gletscher	氷河
Halbinsel	半島
Kontinent	大陸
Migration	移行
Mineralien	ミネラル
Temperatur	温度
Topographie	地形
Umwelt	環境
Vögel	鳥
Wasser	水
Wetter	天気
Wind	風
Wissenschaftlich	科学的

Antiquitäten
アンティーク

Alt	古い
Authentisch	オーセンティック
Dekorativ	装飾
Elegant	エレガント
Enthusiast	愛好家
Galerie	ギャラリー
Gemälde	絵画
Investition	投資
Jahrhundert	世紀
Kunst	アート
Möbel	家具
Münzen	コイン
Preis	価格
Qualität	品質
Schmuck	ジュエリー
Skulptur	彫刻
Stil	スタイル
Ungewöhnlich	珍しい
Wert	値
Zustand	調子

Archäologie
考古学

Analyse	分析
Auswertung	評価
Ära	時代
Experte	専門家
Forscher	研究者
Fossil	化石
Geheimnis	ミステリー
Grab	墓
Knochen	骨
Mannschaft	チーム
Nachkomme	子孫
Objekte	オブジェクト
Professor	教授
Relikt	遺物
Tempel	寺
Unbekannt	不明
Vergessen	忘れられた
Zivilisation	文明

Astronomie
天文学

Asteroid	小惑星
Astronaut	宇宙飛行士
Astronom	天文学者
Erde	地球
Himmel	空
Komet	彗星
Konstellation	星座
Meteor	流星
Mond	月
Nebel	星雲
Observatorium	天文台
Planet	惑星
Rakete	ロケット
Satellit	衛星
Sonne	太陽
Stern	星
Supernova	超新星
Teleskop	望遠鏡
Tierkreis	ゾディアック
Universum	宇宙

Ballett
バレエ

Applaus	拍手
Ausdrucksvoll	表現力豊かな
Ballerina	バレリーナ
Choreographie	振り付け
Fähigkeit	スキル
Geste	ジェスチャー
Intensität	強度
Komponist	作曲家
Künstlerisch	芸術的
Musik	音楽
Muskel	筋肉
Orchester	オーケストラ
Praxis	練習
Probe	リハーサル
Rhythmus	リズム
Solo	ソロ
Stil	スタイル
Tänzer	ダンサー
Technik	技術

Barbecues
バーベキュー

Abendessen	夕食
Familie	家族
Frucht	フルーツ
Gabeln	フォーク
Gemüse	野菜
Grill	グリル
Heiss	ホット
Huhn	チキン
Hunger	飢餓
Kinder	子供達
Kochen	料理
Messer	ナイフ
Mittagessen	ランチ
Musik	音楽
Pfeffer	コショウ
Salate	サラダ
Salz	塩
Sommer	夏
Sosse	ソース
Spiele	ゲーム

Bauernhof #1
ファーム #1

Biene	蜂
Dünger	肥料
Esel	ロバ
Feld	フィールド
Heu	ヘイ
Honig	蜂蜜
Huhn	チキン
Hund	犬
Kalb	ふくらはぎ
Katze	猫
Krähe	カラス
Kuh	牛
Land	土地
Landwirtschaft	農業
Pferd	馬
Reis	米
Schwein	豚
Wasser	水
Zaun	フェンス
Ziege	ヤギ

Bauernhof #2
ファーム #2

Bauer	農家
Bewässerung	灌漑
Bienenstock	蜂の巣
Ente	アヒル
Frucht	フルーツ
Gemüse	野菜
Gerste	オオムギ
Lama	ラマ
Lamm	子羊
Mais	コーン
Milch	ミルク
Obstgarten	オーチャード
Schaf	羊
Schäfer	羊飼い
Scheune	納屋
Tiere	動物
Traktor	トラクター
Weizen	小麦
Wiese	牧草地
Windmühle	風車

Berufe #1
職業 #1

Arzt	医者
Astronom	天文学者
Bankier	銀行家
Botschafter	大使
Buchhalter	会計士
Geologe	地質学者
Jäger	ハンター
Juwelier	宝石商
Kartograph	地図製作者
Klempner	配管工
Krankenschwester	看護婦
Künstler	アーティスト
Mechaniker	メカニック
Musiker	音楽家
Pianist	ピアニスト
Psychologe	心理学者
Rechtsanwalt	弁護士
Tänzer	踊り子
Tierarzt	獣医
Trainer	コーチ

Berufe #2
職業 #2

Arzt	医師
Astronaut	宇宙飛行士
Bibliothekar	司書
Biologe	生物学者
Chirurg	外科医
Detektiv	探偵
Erfinder	発明者
Forscher	研究者
Fotograf	写真家
Gärtner	庭師
Illustrator	イラストレーター
Ingenieur	エンジニア
Journalist	ジャーナリスト
Lehrer	先生
Linguist	言語学者
Maler	画家
Philosoph	哲学者
Pilot	パイロット
Zahnarzt	歯医者
Zoologe	動物学者

Bienen
ミツバチ

Bestäuber	花粉媒介者
Bienenkorb	巣箱
Blüte	花
Essen	食べ物
Flügel	翼
Frucht	フルーツ
Garten	庭
Honig	蜂蜜
Insekt	昆虫
Königin	女王
Lebensraum	生息地
Ökosystem	生態系
Pflanzen	植物
Pollen	花粉
Rauch	煙
Schwarm	群れ
Sonne	太陽
Vielfalt	多様性
Vorteilhaft	有益
Wachs	ワックス

Bildende Kunst
ビジュアルアーツ

Architektur	建築
Bleistift	鉛筆
Film	映画
Foto	写真
Gemälde	絵画
Holzkohle	炭
Kreativität	創造性
Kreide	チョーク
Künstler	アーティスト
Lack	ワニス
Meisterwerk	傑作
Perspektive	パースペクティブ
Porträt	ポートレート
Schablone	ステンシル
Skulptur	彫刻
Staffelei	イーゼル
Stift	ペン
Ton	粘土
Wachs	ワックス
Zusammensetzung	構成

Blumen
花々

Blütenblatt	花弁
Gardenie	クチナシ
Gänseblümchen	デイジー
Hibiskus	ハイビスカス
Jasmin	ジャスミン
Klee	クローバー
Lavendel	ラベンダー
Lila	ライラック
Lilie	百合
Löwenzahn	タンポポ
Magnolie	マグノリア
Mohn	ポピー
Orchidee	蘭
Passionsblume	トケイソウ
Pfingstrose	牡丹
Plumeria	プルメリア
Sonnenblume	ひまわり
Strauss	花束
Tulpe	チューリップ

Boote
ボート

Anker	アンカー
Boje	ブイ
Crew	クルー
Dock	ドック
Fähre	フェリー
Floss	いかだ
Fluss	川
Kajak	カヤック
Kanu	カヌー
Mast	マスト
Meer	海
Motor	エンジン
Nautisch	ノーティカル
Ozean	海洋
See	湖
Seemann	セーラー
Seil	ロープ
Tide	潮
Wellen	波
Yacht	ヨット

Boxen
ボクシング

Ecke	コーナー
Ellbogen	肘
Erschöpft	疲れた
Faust	拳
Fähigkeit	スキル
Fokus	フォーカス
Gegner	相手
Glocke	ベル
Handschuhe	手袋
Kämpfer	戦闘機
Kick	キック
Kinn	顎
Körper	体
Punkte	ポイント
Recovery	回復
Schiedsrichter	審判
Seile	ロープ
Stärke	強さ
Verletzungen	怪我

Bücher
書籍

Abenteuer	冒険
Autor	著者
Charakter	キャラクター
Dualität	二重性
Episch	エピック
Erfinderisch	発明
Erzähler	ナレーター
Geschichte	ストーリー
Geschrieben	書かれた
Historisch	歴史的
Humorvoll	ユーモラス
Kollektion	コレクション
Leser	読者
Literarisch	文学
Poesie	詩
Relevant	関連する
Roman	小説
Seite	ページ
Serie	シリーズ
Tragisch	悲劇的

Camping
キャンプ

Abenteuer	冒険
Berg	山
Feuer	火
Hängematte	ハンモック
Hut	帽子
Insekt	昆虫
Jagd	狩猟
Kabine	キャビン
Kanu	カヌー
Karte	地図
Kompass	コンパス
Laterne	ランタン
Mond	月
Natur	自然
See	湖
Seil	ロープ
Spass	楽しい
Tiere	動物
Wald	森
Zelt	テント

Chemie
化学

Alkalisch	アルカリ性
Chlor	塩素
Elektron	電子
Enzym	酵素
Flüssigkeit	液体
Gas	ガス
Gewicht	重さ
Hitze	熱
Ion	イオン
Katalysator	触媒
Kohlenstoff	炭素
Molekül	分子
Nuklear	核
Organisch	有機
Reaktion	反応
Salz	塩
Sauerstoff	酸素
Säure	酸
Temperatur	温度
Wasserstoff	水素

Das Unternehmen
ザ· カンパニー

Beschäftigung	雇用
Einheiten	単位
Einnahmen	収益
Entscheidung	決定
Fortschritt	進捗
Geschäft	ビジネス
Global	グローバル
Industrie	業界
Innovativ	革新的
Investition	投資
Kreativ	クリエイティブ
Löhne	賃金
Möglichkeit	可能性
Präsentation	プレゼンテーション
Produkt	製品
Professionell	プロ
Qualität	品質
Ressourcen	リソース
Risiken	リスク
Ruf	評判

Diplomatie
外交

Ausländisch	外国人
Berater	顧問
Botschaft	大使館
Botschafter	大使
Bürger	市民
Diplomatisch	外交
Diskussion	議論
Ethik	倫理
Gemeinschaft	コミュニティ
Gerechtigkeit	正義
Humanitär	人道主義者
Integrität	整合性
Konflikt	対立
Lösung	解決
Politik	政治
Regierung	政府
Sicherheit	安全
Sprachen	言語
Vertrag	条約
Zusammenarbeit	協力

Elektrizität
電気

Batterie	電池
Drähte	ワイヤ
Elektriker	電気技師
Elektrisch	電気
Fernsehen	テレビ
Generator	発生器
Kabel	ケーブル
Lagerung	ストレージ
Lampe	ランプ
Laser	レーザー
Magnet	磁石
Menge	量
Negativ	負
Netzwerk	通信網
Objekte	オブジェクト
Positiv	正
Steckdose	ソケット
Telefon	電話

Energie
エネルギー

Batterie	電池
Benzin	ガソリン
Brennstoff	燃料
Diesel	ディーゼル
Elektrisch	電気
Elektron	電子
Entropie	エントロピー
Erneuerbar	再生可能
Hitze	熱
Industrie	業界
Kohlenstoff	炭素
Motor	モーター
Nuklear	核
Photon	光子
Sonne	太陽
Turbine	タービン
Umwelt	環境
Verschmutzung	汚染
Wasserstoff	水素
Wind	風

Ernährung
栄養

Appetit	食欲
Ausgewogen	バランス
Bitter	苦い
Diät	ダイエット
Essbar	食用
Fermentation	発酵
Geschmack	味
Gesund	元気
Gesundheit	健康
Gewicht	重さ
Kalorien	カロリー
Kohlenhydrate	炭水化物
Nährstoff	栄養素
Portion	部分
Proteine	タンパク質
Qualität	品質
Sosse	ソース
Toxin	毒素
Verdauung	消化
Vitamin	ビタミン

Essen #1
食べ物 #1

Basilikum	バジル
Birne	梨
Erdbeere	苺
Erdnuss	落花生
Fleisch	肉
Kaffee	コーヒー
Karotte	にんじん
Knoblauch	ニンニク
Milch	ミルク
Rübe	カブ
Saft	ジュース
Salat	サラダ
Salz	塩
Spinat	ほうれん草
Suppe	スープ
Thunfisch	ツナ
Zimt	シナモン
Zitrone	レモン
Zucker	砂糖
Zwiebel	玉葱

Essen #2
食べ物 #2

Apfel	アップル
Artischocke	アーティチョーク
Aubergine	茄子
Banane	バナナ
Brokkoli	ブロッコリー
Brot	パン
Ei	卵
Fisch	魚
Joghurt	ヨーグルト
Käse	チーズ
Kirsche	チェリー
Mandel	アーモンド
Pilz	キノコ
Reis	米
Schinken	ハム
Schokolade	チョコレート
Sellerie	セロリ
Spargel	アスパラガス
Tomate	トマト
Weizen	小麦

Ethik
倫理

Altruismus	利他主義
Diplomatisch	外交
Ehrlichkeit	正直
Freundlichkeit	親切
Geduld	忍耐
Individualismus	個人主義
Integrität	整合性
Menschheit	人類
Mitgefühl	思いやり
Optimismus	楽観
Philosophie	哲学
Rationalität	合理性
Realismus	リアリズム
Vernünftig	合理的
Weisheit	知恵
Werte	値
Würde	尊厳
Zusammenarbeit	協力

Fahren
運転

Auto	車
Bremsen	ブレーキ
Brennstoff	燃料
Bus	バス
Fussgänger	歩行者
Garage	ガレージ
Gas	ガス
Gefahr	危険
Geschwindigkeit	速度
Karte	地図
Lizenz	ライセンス
Lkw	トラック
Motor	モーター
Motorrad	オートバイ
Polizei	警察
Sicherheit	安全性
Tunnel	トンネル
Unfall	事故
Verkehr	交通
Vorsicht	注意

Fahrzeuge
車両

Auto	車
Boot	ボート
Bus	バス
Fahrrad	自転車
Fähre	フェリー
Floss	いかだ
Flugzeug	飛行機
Hubschrauber	ヘリコプター
Krankenwagen	救急車
Lkw	トラック
Motor	モーター
Rakete	ロケット
Reifen	タイヤ
Roller	スクーター
Taxi	タクシー
Traktor	トラクター
U-Bahn	地下鉄
U-Boot	潜水艦
Wohnwagen	キャラバン
Zug	列車

Familie
ファミリー

Bruder	兄弟
Ehefrau	妻
Ehemann	夫
Enkel	孫
Grossmutter	おばあちゃん
Grossvater	祖父
Kind	子供
Kindheit	子供の頃
Mutter	母
Mütterlich	母性
Neffe	甥
Nichte	姪
Onkel	叔父
Schwester	姉妹
Tante	叔母
Tochter	娘
Vater	父
Väterlich	父方の
Vetter	いとこ
Vorfahr	祖先

Farben
[色]

Azurblau	紺碧
Beige	ベージュ
Blau	青
Braun	茶色
Fuchsie	フクシア
Gelb	黄色
Grau	グレー
Grün	緑
Indigo	インジゴ
Lila	紫
Magenta	マゼンタ
Orange	オレンジ
Purpur	クリムゾン
Rosa	ピンク
Rot	赤
Schwarz	ブラック
Sepia	セピア
Violett	バイオレット
Weiss	白い
Zyan	シアン

Flugzeuge
飛行機

Abenteuer	冒険
Abstieg	降下
Atmosphäre	雰囲気
Aufblasen	膨らませる
Ballon	バルーン
Brennstoff	燃料
Crew	クルー
Design	設計
Geschichte	歴史
Himmel	空
Höhe	高さ
Konstruktion	建設
Luft	空気
Motor	エンジン
Passagier	旅客
Pilot	パイロット
Propeller	プロペラ
Turbulenz	乱流
Wasserstoff	水素
Wetter	天気

Garten
ガーデン

Bank	ベンチ
Baum	木
Blume	花
Boden	土
Busch	ブッシュ
Garage	ガレージ
Garten	庭
Gras	草
Hängematte	ハンモック
Obstgarten	オーチャード
Rasen	芝生
Rechen	熊手
Schaufel	シャベル
Schlauch	ホース
Teich	池
Terrasse	テラス
Trampolin	トランポリン
Unkraut	雑草
Veranda	ポーチ
Zaun	フェンス

Gebäude
建物

Bauernhof	農場
Botschaft	大使館
Fabrik	工場
Garage	ガレージ
Herberge	ホステル
Hotel	ホテル
Kabine	キャビン
Kino	シネマ
Krankenhaus	病院
Labor	研究室
Museum	博物館
Observatorium	天文台
Scheune	納屋
Schule	学校
Stadion	スタジアム
Supermarkt	スーパーマーケット
Theater	劇場
Turm	タワー
Universität	大学
Zelt	テント

Gemüse
野菜

Artischocke	アーティチョーク
Aubergine	茄子
Blumenkohl	カリフラワー
Brokkoli	ブロッコリー
Erbse	エンドウ
Gurke	キュウリ
Ingwer	ショウガ
Karotte	にんじん
Kartoffel	じゃがいも
Knoblauch	ニンニク
Kürbis	かぼちゃ
Olive	オリーブ
Petersilie	パセリ
Pilz	キノコ
Rübe	カブ
Salat	サラダ
Sellerie	セロリ
Spinat	ほうれん草
Tomate	トマト
Zwiebel	玉葱

Geographie
地理学

Atlas	アトラス
Äquator	赤道
Berg	山
Breite	緯度
Fluss	川
Gebiet	地域
Hemisphäre	半球
Höhe	高度
Insel	島
Karte	地図
Kontinent	大陸
Land	国
Meer	海
Meridian	子午線
Norden	北
Ozean	海洋
Region	領域
Stadt	市
Welt	世界
West	西

Geologie
地質学

Erdbeben	地震
Erosion	侵食
Fossil	化石
Geschmolzen	モルテン
Geysir	間欠泉
Höhle	洞窟
Kalzium	カルシウム
Kontinent	大陸
Koralle	コーラル
Lava	溶岩
Mineralien	ミネラル
Plateau	高原
Quarz	石英
Salz	塩
Säure	酸
Stalagmiten	石筍
Stalaktit	鍾乳石
Stein	石
Vulkan	火山
Zone	ゾーン

Geometrie
ジオメトリ

Anteil	割合
Berechnung	計算
Dimension	次元
Dreieck	三角形
Durchmesser	直径
Gleichung	方程式
Horizontal	水平
Höhe	高さ
Kreis	円
Kurve	曲線
Logik	論理
Masse	質量
Nummer	番号
Oberfläche	表面
Parallel	平行
Radius	半径
Segment	セグメント
Symmetrie	対称
Theorie	理論
Winkel	角度

Geschäft
ビジネス

Arbeitgeber	雇用者
Budget	予算
Büro	オフィス
Einkommen	所得
Fabrik	工場
Geld	お金
Geschäft	店
Gewinn	利益
Investition	投資
Karriere	経歴
Kosten	費用
Manager	マネージャー
Mitarbeiter	従業員
Rabatt	割引
Steuern	税金
Transaktion	取引
Verkauf	販売
Ware	商品
Währung	通貨
Wirtschaft	経済学

Gesundheit und Wellness #1
ヘルス＆ウェルネス #1

Aktiv	アクティブ
Apotheke	薬局
Arzt	医者
Bakterien	細菌
Entspannung	リラクゼーション
Fraktur	骨折
Gewohnheit	習慣
Haut	肌
Hormone	ホルモン
Höhe	高さ
Hunger	飢餓
Klinik	診療所
Knochen	骨
Medizin	薬
Muskel	筋肉
Nerven	神経
Reflex	反射
Therapie	治療
Verletzung	怪我
Virus	ウイルス

Gesundheit und Wellness #2
ヘルス＆ウェルネス #2

Allergie	アレルギー
Anatomie	解剖学
Appetit	食欲
Blut	血
Diät	ダイエット
Energie	エネルギー
Genetik	遺伝学
Gesund	元気
Gewicht	重さ
Hygiene	衛生
Infektion	感染
Kalorie	カロリー
Krankenhaus	病院
Krankheit	病気
Massage	マッサージ
Risiken	リスク
Schlafen	寝る
Sport	スポーツ
Stress	ストレス
Vitamin	ビタミン

Gewürze
スパイス

Anis	アニス
Bitter	苦い
Curry	カレー
Fenchel	フェンネル
Geschmack	味
Ingwer	ショウガ
Kardamom	カルダモン
Knoblauch	ニンニク
Lakritze	甘草
Muskatnuss	ナツメグ
Nelke	クローブ
Paprika	パプリカ
Pfeffer	コショウ
Safran	サフラン
Salz	塩
Sauer	サワー
Süss	甘い
Vanille	バニラ
Zimt	シナモン
Zwiebel	玉葱

Haartypen
ヘアタイプ

Blond	ブロンド
Braun	茶色
Dick	厚い
Dünn	薄い
Farbig	有色
Geflochten	編組
Gesund	元気
Glänzend	シャイニー
Grau	グレー
Kahl	禿
Kopfhaut	頭皮
Kurz	短い
Locken	カール
Lockig	カーリー
Schwarz	ブラック
Silber	銀
Trocken	ドライ
Weich	ソフト
Weiss	白い
Zöpfe	三つ編み

Haus
ハウス

Besen	ほうき
Bibliothek	図書館
Dach	屋根
Dachboden	屋根裏
Decke	天井
Dusche	シャワー
Fenster	窓
Garage	ガレージ
Garten	庭
Kamin	暖炉
Küche	キッチン
Lampe	ランプ
Möbel	家具
Schlafzimmer	寝室
Schornstein	煙突
Spiegel	鏡
Tür	ドア
Wand	壁
Zaun	フェンス
Zimmer	部屋

Haustiere
ペット

Eidechse	トカゲ
Essen	食べ物
Fisch	魚
Hamster	ハムスター
Hase	うさぎ
Hund	犬
Katze	猫
Kätzchen	子猫
Kragen	襟
Krallen	爪
Kuh	牛
Maus	ねずみ
Papagei	オウム
Pfoten	足
Schildkröte	カメ
Schwanz	尾
Tierarzt	獣医
Wasser	水
Welpe	子犬
Ziege	ヤギ

Ingenieurwesen
エンジニアリング

Achse	軸
Antrieb	推進
Berechnung	計算
Diagramm	図
Diesel	ディーゼル
Durchmesser	直径
Energie	エネルギー
Flüssigkeit	液体
Getriebe	ギア
Hebel	レバー
Konstruktion	建設
Maschine	機械
Messung	測定
Motor	モーター
Stabilität	安定性
Stärke	強さ
Struktur	構造
Tiefe	深さ
Verteilung	分布
Winkel	角度

Jazz
ジャズ

Album	アルバム
Alt	古い
Applaus	拍手
Berühmt	有名な
Favoriten	お気に入り
Genre	ジャンル
Improvisation	即興
Komponist	作曲家
Konzert	コンサート
Künstler	アーティスト
Lied	歌
Musik	音楽
Musiker	ミュージシャン
Neu	新着
Orchester	オーケストラ
Rhythmus	リズム
Solo	ソロ
Stil	スタイル
Talent	才能
Technik	技術

Kaffee
コーヒー

Aroma	香り
Bitter	苦い
Creme	クリーム
Filter	フィルター
Flüssigkeit	液体
Geschmack	味
Getränk	飲料
Koffein	カフェイン
Mahlen	挽く
Milch	ミルク
Morgen	朝
Preis	価格
Sauer	酸性
Schwarz	ブラック
Tasse	カップ
Ursprung	元
Wasser	水
Zucker	砂糖

Kleidung
洋服

Armband	ブレスレット
Bluse	ブラウス
Gürtel	ベルト
Halskette	ネックレス
Handschuhe	手袋
Hemd	シャツ
Hose	パンツ
Hut	帽子
Jacke	ジャケット
Jeans	ジーンズ
Kleid	ドレス
Mantel	コート
Mode	ファッション
Pullover	セーター
Rock	スカート
Schal	スカーフ
Schlafanzug	パジャマ
Schmuck	ジュエリー
Schuh	靴
Schürze	エプロン

Kraft und Schwerkraft
力と重力

Abstand	距離
Achse	軸
Center	センター
Druck	圧力
Dynamisch	動的
Eigenschaften	プロパティ
Entdeckung	発見
Expansion	拡張
Geschwindigkeit	速度
Gewicht	重さ
Magnetismus	磁気
Mechanik	力学
Orbit	軌道
Physik	物理学
Planeten	惑星
Reibung	摩擦
Universal	ユニバーサル
Zeit	時間

Kräuterkunde
本草学

Aromatisch	芳香族
Basilikum	バジル
Blume	花
Dill	ディル
Estragon	タラゴン
Fenchel	フェンネル
Garten	庭
Geschmack	味
Grün	緑
Knoblauch	ニンニク
Kulinarisch	料理
Lavendel	ラベンダー
Majoran	マージョラム
Petersilie	パセリ
Qualität	品質
Rosmarin	ローズマリー
Safran	サフラン
Thymian	タイム
Vorteilhaft	有益
Zutat	成分

Kreativität
創造性

Ausdruck	表現
Authentizität	信憑性
Bild	画像
Dramatisch	劇的
Eindruck	印象
Erfinderisch	発明
Fähigkeit	スキル
Flüssigkeit	流動性
Gefühle	感情
Ideen	アイデア
Inspiration	インスピレーション
Intensität	強度
Intuition	直感
Klarheit	明快
Künstlerisch	芸術的
Phantasie	想像力
Sensation	感覚
Spontan	自発
Visionen	ビジョン
Vitalität	活力

Kunst
美術

Ausdruck	表現
Ehrlich	正直
Gegenstand	件名
Gemälde	絵画
Inspiriert	インスパイヤされた
Keramik	セラミック
Komplex	繁雑
Original	オリジナル
Persönlich	個人的
Poesie	詩
Porträtieren	描く
Schaffen	作成
Skulptur	彫刻
Stimmung	気分
Surrealismus	シュルレアリスム
Symbol	シンボル
Visuell	ビジュアル
Zusammensetzung	構成

Kunst Liefert
アートサプライ

Acryl	アクリル
Bleistifte	鉛筆
Buntstifte	クレヨン
Bürsten	ブラシ
Farben	色
Holzkohle	炭
Ideen	アイデア
Kamera	カメラ
Kreativität	創造性
Leim	のり
Öl	油
Papier	紙
Radiergummi	消しゴム
Staffelei	イーゼル
Stuhl	椅子
Tabelle	テーブル
Tinte	インク
Ton	粘土
Wasser	水

Landschaften
風景

Berg	山
Eisberg	氷山
Fluss	川
Geysir	間欠泉
Gletscher	氷河
Golf	湾
Halbinsel	半島
Höhle	洞窟
Hügel	丘
Insel	島
Meer	海
Oase	オアシス
See	湖
Strand	ビーチ
Sumpf	沼
Tal	谷
Tundra	ツンドラ
Vulkan	火山
Wasserfall	滝
Wüste	砂漠

Länder #1
国 #1

Ägypten	エジプト
Brasilien	ブラジル
Deutschland	ドイツ
Finnland	フィンランド
Indien	インド
Irak	イラク
Israel	イスラエル
Italien	イタリア
Kambodscha	カンボジア
Kanada	カナダ
Lettland	ラトビア
Mali	マリ
Nicaragua	ニカラグア
Norwegen	ノルウェー
Polen	ポーランド
Rumänien	ルーマニア
Senegal	セネガル
Spanien	スペイン
Venezuela	ベネズエラ
Vietnam	ベトナム

Länder #2
国 #2

Albanien	アルバニア
Äthiopien	エチオピア
Frankreich	フランス
Griechenland	ギリシャ
Haiti	ハイチ
Irland	アイルランド
Jamaika	ジャマイカ
Japan	日本
Kenia	ケニア
Laos	ラオス
Liberia	リベリア
Mexiko	メキシコ
Nepal	ネパール
Nigeria	ナイジェリア
Pakistan	パキスタン
Russland	ロシア
Sudan	スーダン
Syrien	シリア
Uganda	ウガンダ
Ukraine	ウクライナ

Literatur
文学

Analogie	類推
Analyse	分析
Anekdote	逸話
Autor	著者
Beschreibung	説明
Biographie	伝記
Dialog	対話
Erzähler	ナレーター
Fiktion	フィクション
Gedicht	詩
Metapher	比喩
Poetisch	詩的
Reim	韻
Rhythmus	リズム
Roman	小説
Schlussfolgerun g	結論
Stil	スタイル
Thema	テーマ
Tragödie	悲劇
Vergleich	比較

Mathematik
数学

Arithmetik	算術
Bruchteil	分数
Dezimal	小数
Dreieck	三角形
Durchmesser	直径
Exponent	指数
Geometrie	幾何学
Gleichung	方程式
Parallel	平行
Parallelogramm	平行四辺形
Polygon	多角形
Radius	半径
Rechteck	矩形
Senkrecht	垂直
Summe	和
Symmetrie	対称
Umfang	円周
Volumen	ボリューム
Winkel	角度
Zahlen	数字

Meditation
瞑想

Annahme	受け入れ
Atmung	呼吸
Aufmerksamkeit	注意
Bewegung	動き
Dankbarkeit	感謝
Freundlichkeit	親切
Frieden	平和
Gedanken	思考
Geistig	メンタル
Haltung	姿勢
Klarheit	明快
Lehre	教え
Lernen	学ぶために
Mitgefühl	思いやり
Musik	音楽
Natur	自然
Perspektive	パースペクティブ
Stille	沈黙
Verstand	マインド

Menschlicher Körper
人体

Bein	足
Blut	血
Ellbogen	肘
Finger	指
Gehirn	脳
Gesicht	顔
Hals	首
Hand	手
Haut	肌
Herz	心臓
Kinn	顎
Knie	膝
Knöchel	足首
Kopf	頭
Magen	胃
Mund	口
Nase	鼻
Ohr	耳
Schulter	肩
Zunge	舌

Messungen
測定値

Breite	幅
Byte	バイト
Dezimal	小数
Gewicht	重さ
Grad	度
Gramm	グラム
Höhe	高さ
Kilogramm	キログラム
Kilometer	キロメートル
Länge	長さ
Liter	リットル
Masse	質量
Meter	メーター
Minute	分
Tiefe	深さ
Tonne	トン
Unze	オンス
Volumen	ボリューム
Zentimeter	センチメートル
Zoll	インチ

Mode
ファッション

Anspruchsvoll	洗練された
Boutique	ブティック
Elegant	エレガント
Erschwinglich	手頃な価格
Kleidung	衣類
Komfortabel	快適
Minimalistisch	ミニマリスト
Modern	モダン
Muster	パターン
Original	オリジナル
Praktisch	実用的
Spitze	レース
Stickerei	刺繍
Stil	スタイル
Stoff	生地
Tasten	ボタン
Teuer	高価な
Textur	テクスチャ
Trend	トレンド

Möbel
家具

Bank	ベンチ
Bett	ベッド
Bettdecke	掛け布団
Bücherregal	本棚
Couch	ソファ
Futon	布団
Hängematte	ハンモック
Kissen	枕
Kommode	ドレッサー
Lampe	ランプ
Matratze	マットレス
Regal	棚
Schrank	戸棚
Schreibtisch	机
Sessel	アームチェア
Spiegel	鏡
Stuhl	椅子
Teppich	ラグ
Vorhang	カーテン

Musik
音楽

Album	アルバム
Aufnahme	録音
Ballade	バラード
Chor	コーラス
Harmonie	調和
Harmonisch	ハーモニック
Improvisieren	即興
Instrument	楽器
Klassisch	クラシック
Lyrisch	叙情的
Melodie	メロディー
Mikrofon	マイク
Musical	ミュージカル
Musiker	音楽家
Oper	オペラ
Poetisch	詩的
Rhythmus	リズム
Sänger	歌手
Singen	歌う
Tempo	テンポ

Musikinstrumente
楽器

Banjo	バンジョー
Cello	チェロ
Fagott	ファゴット
Flöte	フルート
Geige	バイオリン
Gitarre	ギター
Glockenspiel	チャイム
Gong	ゴング
Harfe	ハープ
Klarinette	クラリネット
Klavier	ピアノ
Mandoline	マンドリン
Mundharmonika	ハーモニカ
Oboe	オーボエ
Posaune	トロンボーン
Saxophon	サックス
Schlagzeug	パーカッション
Tamburin	タンバリン
Trommel	ドラム
Trompete	トランペット

Mythologie
神話

Archetyp	原型
Blitz	稲妻
Donner	雷
Eifersucht	嫉妬
Held	ヒーロー
Himmel	天国
Katastrophe	災害
Kreation	作成
Kreatur	生き物
Krieger	戦士
Kultur	文化
Labyrinth	ラビリンス
Legende	伝説
Magisch	魔法の
Monster	モンスター
Rache	復讐
Stärke	強さ
Sterblich	モータル
Unsterblichkeit	不死
Verhalten	行動

Natur
自然

Arktis	北極
Berge	山
Bienen	蜂
Dynamisch	動的
Erosion	侵食
Fluss	川
Friedlich	平和
Gletscher	氷河
Heiligtum	サンクチュアリ
Heiter	穏やか
Laub	葉
Lebenswichtig	重要
Nebel	霧
Schönheit	美しさ
Schutz	シェルター
Tiere	動物
Tropisch	トロピカル
Wald	森
Wild	野生
Wüste	砂漠

Obst
フルーツ

Ananas	パイナップル
Apfel	アップル
Aprikose	アプリコット
Avocado	アボカド
Banane	バナナ
Beere	ベリー
Birne	梨
Brombeere	ブラックベリー
Himbeere	ラズベリー
Kirsche	チェリー
Kiwi	キウイ
Kokosnuss	ココナッツ
Melone	メロン
Nektarine	ネクタリン
Orange	オレンジ
Papaya	パパイヤ
Pfirsich	桃
Pflaume	梅
Traube	葡萄
Zitrone	レモン

Ozean
海洋

Aal	うなぎ
Auster	カキ
Boot	ボート
Delfin	イルカ
Fisch	魚
Garnele	エビ
Gezeiten	潮汐
Hai	鮫
Koralle	コーラル
Krabbe	カニ
Krake	たこ
Qualle	クラゲ
Riff	リーフ
Salz	塩
Schildkröte	カメ
Schwamm	スポンジ
Sturm	嵐
Thunfisch	ツナ
Wal	鯨
Wellen	波

Ökologie
エコロジー

Art	種
Berge	山
Dürre	旱魃
Fauna	動物相
Flora	フローラ
Freiwillige	ボランティア
Gemeinschaft	コミュニティ
Global	グローバル
Klima	気候
Lebensraum	生息地
Marine	マリン
Nachhaltig	持続可能
Natur	自然
Natürlich	ナチュラル
Pflanzen	植物
Ressourcen	リソース
Sumpf	マーシュ
Überleben	生存
Vegetation	植生
Vielfalt	多様性

Pflanzen
植物

Bambus	竹
Baum	木
Beere	ベリー
Blume	花
Blütenblatt	花弁
Bohne	豆
Botanik	植物学
Busch	ブッシュ
Dünger	肥料
Efeu	蔦
Flora	フローラ
Garten	庭
Gras	草
Kaktus	サボテン
Kraut	ハーブ
Laub	葉
Moos	苔
Vegetation	植生
Wald	森
Wurzel	根

Physik
物理学

Atom	原子
Beschleunigung	加速
Chaos	混沌
Chemisch	化学薬品
Dichte	密度
Elektron	電子
Experiment	実験
Formel	式
Frequenz	周波数
Gas	ガス
Geschwindigkeit	速度
Magnetismus	磁気
Masse	質量
Mechanik	力学
Molekül	分子
Motor	エンジン
Nuklear	核
Partikel	粒子
Relativität	相対性理論
Universal	ユニバーサル

Regierung
政府

Demokratie	民主主義
Denkmal	記念碑
Diskussion	議論
Freiheit	自由
Friedlich	平和
Führer	リーダー
Gerechtigkeit	正義
Gesetz	法律
Gleichheit	平等
Justiziell	司法
Macht	パワー
Nation	国家
Politik	政治
Rechte	権利
Rede	スピーチ
Staat	状態
Symbol	シンボル
Unabhängigkeit	独立
Verfassung	憲法
Zivil	市民

Restaurant #2
レストラン #2

Abendessen	夕食
Eis	氷
Fisch	魚
Frucht	フルーツ
Gabel	フォーク
Gemüse	野菜
Getränk	飲料
Gewürze	スパイス
Kellner	ウェイター
Köstlich	美味しい
Kuchen	ケーキ
Löffel	スプーン
Mittagessen	ランチ
Nudeln	麺
Salat	サラダ
Salz	塩
Stuhl	椅子
Suppe	スープ
Vorspeise	前菜
Wasser	水

Säugetiere
哺乳類

Affe	猿
Bär	熊
Biber	ビーバー
Elefant	象
Fuchs	狐
Giraffe	キリン
Gorilla	ゴリラ
Hund	犬
Känguru	カンガルー
Kojote	コヨーテ
Löwe	ライオン
Panther	パンサー
Pferd	馬
Ratte	ネズミ
Schaf	羊
Stier	ブル
Tiger	虎
Wal	鯨
Wolf	狼
Zebra	シマウマ

Schach
チェス

Champion	チャンピオン
Diagonal	対角
Gegner	相手
Klug	賢い
König	キング
Königin	女王
Lernen	学ぶために
Opfer	犠牲
Passiv	パッシブ
Punkte	ポイント
Regeln	ルール
Schwarz	ブラック
Spiel	ゲーム
Spieler	プレーヤー
Strategie	戦略
Turnier	トーナメント
Weiss	白い
Wettbewerb	コンテスト
Zeit	時間

Schokolade
チョコレート

Antioxidans	酸化防止剤
Aroma	香り
Bitter	苦い
Erdnüsse	ピーナッツ
Exotisch	エキゾチック
Favorit	お気に入り
Geschmack	味
Handwerklich	職人
Kakao	カカオ
Kalorien	カロリー
Karamell	カラメル
Kokosnuss	ココナッツ
Köstlich	美味しい
Pulver	粉
Qualität	品質
Rezept	レシピ
Süss	甘い
Verlangen	渇望
Zucker	砂糖
Zutat	成分

Schönheit
ビューティー

Charme	魅力
Dienstleistungen	サービス
Duft	香り
Elegant	エレガント
Eleganz	優雅
Farbe	色
Fotogen	フォトジェニック
Haut	肌
Kosmetik	化粧品
Lippenstift	口紅
Locken	カール
Öle	オイル
Produkte	製品
Schere	はさみ
Shampoo	シャンプー
Spiegel	鏡
Stylist	スタイリスト
Wimperntusche	マスカラ

Science Fiction
サイエンス・フィクション

Bücher	書籍
Chemikalien	化学薬品
Dystopie	ディストピア
Explosion	爆発
Fantastisch	素晴らしい
Feuer	火
Futuristisch	未来的
Galaxie	銀河
Geheimnisvoll	神秘的な
Illusion	イリュージョン
Imaginär	虚数
Kino	シネマ
Orakel	オラクル
Planet	惑星
Realistisch	現実的
Roboter	ロボット
Szenario	シナリオ
Technologie	技術
Utopie	ユートピア
Welt	世界

Stadt
町

Apotheke	薬局
Bank	銀行
Bäckerei	ベーカリー
Bibliothek	図書館
Blumenhändler	花屋
Buchhandlung	書店
Flughafen	空港
Galerie	ギャラリー
Hotel	ホテル
Kino	シネマ
Klinik	診療所
Markt	市場
Museum	博物館
Restaurant	レストラン
Schule	学校
Stadion	スタジアム
Supermarkt	スーパーマーケット
Theater	劇場
Universität	大学
Zoo	動物園

Tage und Monate
日と月

April	エイプリル
August	八月
Dienstag	火曜日
Donnerstag	木曜日
Februar	二月
Freitag	金曜日
Jahr	年
Juli	七月
Juni	六月
Kalender	カレンダー
Mai	五月
März	行進
Mittwoch	水曜日
Monat	月
Montag	月曜日
November	十一月
Samstag	土曜日
September	セプテンバー
Sonntag	日曜日
Woche	週

Technologie
テクノロジー

Bildschirm	画面
Blog	ブログ
Browser	ブラウザ
Bytes	バイト
Computer	コンピュータ
Cursor	カーソル
Datei	ファイル
Daten	データ
Digital	デジタル
Forschung	研究
Internet	インターネット
Kamera	カメラ
Nachricht	メッセージ
Schriftart	フォント
Sicherheit	安全
Software	ソフトウェア
Statistik	統計
Virtuell	仮想
Virus	ウイルス

Universum
宇宙

Asteroid	小惑星
Astronom	天文学者
Astronomie	天文学
Atmosphäre	雰囲気
Äquator	赤道
Breite	緯度
Dunkelheit	闇
Galaxie	銀河
Hemisphäre	半球
Himmel	空
Himmlisch	天体
Horizont	地平線
Kosmisch	コズミック
Längengrad	経度
Mond	月
Orbit	軌道
Sichtbar	目に見える
Sonnenwende	至点
Teleskop	望遠鏡
Tierkreis	ゾディアック

Urlaub #2
バケーション #2

Ausländer	外国人
Berge	山
Camping	キャンプ
Flughafen	空港
Freizeit	レジャー
Hotel	ホテル
Insel	島
Karte	地図
Meer	海
Pass	パスポート
Reise	旅
Restaurant	レストラン
Strand	ビーチ
Taxi	タクシー
Transport	交通
Urlaub	休日
Visum	ビザ
Zelt	テント
Ziel	行き先
Zug	列車

Vögel
鳥類

Adler	鷲
Ei	卵
Ente	アヒル
Eule	フクロウ
Flamingo	フラミンゴ
Gans	ガチョウ
Huhn	チキン
Krähe	カラス
Kuckuck	カッコウ
Möwe	カモメ
Papagei	オウム
Pelikan	ペリカン
Pfau	孔雀
Pinguin	ペンギン
Reiher	サギ
Schwan	白鳥
Spatz	スズメ
Storch	コウノトリ
Taube	鳩
Toucan	オオハシ

Wandern
ハイキング

Berg	山
Camping	キャンプ
Führer	ガイド
Gipfel	サミット
Karte	地図
Klima	気候
Klippe	崖
Müde	疲れた
Natur	自然
Orientierung	オリエンテーション
Parks	公園
Schwer	重い
Sonne	太陽
Steine	石
Stiefel	ブーツ
Tiere	動物
Vorbereitung	準備
Wasser	水
Wetter	天気
Wild	野生

Wasser
水

Bewässerung	灌漑
Dampf	蒸気
Dusche	シャワー
Eis	氷
Feucht	湿った
Feuchtigkeit	湿度
Fluss	川
Flut	洪水
Frost	霜
Geysir	間欠泉
Hurrikan	ハリケーン
Kanal	運河
Monsun	モンスーン
Ozean	海洋
Regen	雨
Schnee	雪
See	湖
Trinkbar	飲める
Verdunstung	蒸発
Wellen	波

Wetter
天気

Atmosphäre	雰囲気
Blitz	稲妻
Brise	そよ風
Donner	雷
Dürre	旱魃
Eis	氷
Himmel	空
Hurrikan	ハリケーン
Klima	気候
Monsun	モンスーン
Nebel	霧
Polar	極性
Regenbogen	虹
Sturm	嵐
Temperatur	温度
Tornado	竜巻
Trocken	ドライ
Tropisch	トロピカル
Wind	風
Wolke	雲

Wissenschaft
理科

Atom	原子
Chemisch	化学薬品
Daten	データ
Evolution	進化
Experiment	実験
Fossil	化石
Hypothese	仮説
Klima	気候
Labor	研究室
Methode	方法
Mineralien	ミネラル
Moleküle	分子
Natur	自然
Organismus	生物
Partikel	粒子
Pflanzen	植物
Physik	物理学
Schwerkraft	重力
Tatsache	事実
Wissenschaftler	科学者

Wissenschaftliche Disziplinen
科学分野

Anatomie	解剖学
Archäologie	考古学
Astronomie	天文学
Biochemie	生化学
Biologie	生物学
Botanik	植物学
Chemie	化学
Geologie	地質学
Immunologie	免疫学
Kinesiologie	キネシオロジー
Linguistik	言語学
Mechanik	力学
Mineralogie	鉱物学
Neurologie	神経学
Ökologie	生態学
Physiologie	生理
Psychologie	心理学
Soziologie	社会学
Thermodynamik	熱力学
Zoologie	動物学

Zahlen
数字

Acht	八
Achtzehn	十八
Dezimal	小数
Drei	三
Dreizehn	十三
Fünf	五
Fünfzehn	十五
Neun	九
Neunzehn	十九
Null	ゼロ
Sechs	六
Sechzehn	十六
Sieben	セブン
Siebzehn	セブンティーン
Vier	四
Vierzehn	十四
Zehn	十
Zwanzig	二十
Zwei	二
Zwölf	十二

Zeit
時間

Gestern	昨日
Heute	今日
Jahr	年
Jahrhundert	世紀
Jahrzehnt	十年
Jährlich	通年
Jetzt	今
Kalender	カレンダー
Minute	分
Mittag	昼
Monat	月
Morgen	朝
Nach	後
Nacht	夜
Stunde	時間
Tag	日
Uhr	時計
Vor	前
Woche	週
Zukunft	未来

Zirkus
サーカス

Affe	猿
Akrobat	アクロバット
Ballons	風船
Clown	ピエロ
Elefant	象
Fahrkarte	チケット
Jongleur	ジャグラー
Kostüm	コスチューム
Löwe	ライオン
Magie	魔法
Musik	音楽
Parade	パレード
Spektakulär	壮観な
Tiere	動物
Tiger	虎
Trick	トリック
Zelt	テント
Zuschauer	観客

Zu Füllen
塗りつぶすには

Box	箱
Eimer	バケツ
Fass	バレル
Flasche	ボトル
Karton	カートン
Kiste	クレート
Koffer	スーツケース
Korb	バスケット
Krug	瓶
Mappe	フォルダ
Paket	パケット
Rohr	チューブ
Schiff	容器
Schublade	引き出し
Tablett	トレイ
Tasche	ポケット
Umschlag	封筒
Vase	花瓶
Wanne	浴槽

Gratuliere

Sie haben es geschafft !!

Wir hoffen, dass euch dieses Buch genauso viel Spaß gemacht hat wie uns dessen Herstellung. Wir tun unser Bestes, um qualitativ hochwertige Spiele zu erfinden. Diese Rätsel sind auf eine clevere Art und Weise entworfen, damit sie aktiv lernen und daran Vergnügen finden.

Hat ihnen das Buch gefallen ?

Eine einfache Bitte

Unsere Bücher existieren dank der Rezensionen, die sie veröffentlichen. Können sie uns helfen indem sie jetzt eine Meinung hinterlassen ?

Hier ist ein kurzer Link, der Sie zu ihrer Bewertungsseite führt

BestBooksActivity.com/Rezension50

MONSTER HERAUSFÖRDERUNGEN !

Herausförderung 1

Bereit für ihr Bonusspiel? Wir verwenden sie ständig, aber sle sind nicht einfach zu finden. Es sind die Synonyme !

Notieren sie 5 Wörter, die sie in den untenstehenden Rätseln (Nummer 21, 36 und 76) entdeckt haben und versuchen sie für jedes Wort 2 Synonyme zu finden .

*Notieren sie 5 Wörter aus **Rätsel 21***

Wörter	Synonym 1	Synonym 2

*Notieren sie 5 Wörter aus **Rätsel 36***

Wörter	Synonym 1	Synonym 2

*Notieren sie 5 Wörter aus **Rätsel 76***

Wörter	Synonym 1	Synonym 2

Herausförderung 2

Jetzt, wo sie warm sind, notieren sie 5 Wörter, die sie in jedem der untenaufgeführten Rätseln entdeckt haben (Nummer 9, 17 und 25) und versuchen sie für jedes Wort 2 Antonyme zu finden. Wie viele davon können sie binnen 20 Minuten finden ?

*Notieren sie 5 Wörter aus **Rätsel 9***

Wörter	Antonym 1	Antonym 2

*Notieren sie 5 Wörter aus **Rätsel 17***

Wörter	Antonym 1	Antonym 2

*Notieren sie 5 Wörter aus **Rätsel 25***

Wörter	Antonym 1	Antonym 2

Herausförderung 3

Wunderbar, diese Monster Herausförderung  wird kein Problem für sie sein !

Bereit für die letzte Herausförderung? Wählen sie ihre 10 Lieblingswörter aus, die sie in einem Rätsel entdeckt haben und notieren sie sie unten.

1.	6.
2.	7.
3.	8.
4.	9.
5.	10.

Die Aufgabe besteht nun darin mit diesen Wörtern und in maximal sechs Sätzen einen Text herzustellen über eine Person, ein Tier oder ein Ort den sie lieben !

Tipp : sie können die letzten leeren Seiten dieses Buches als Entwurf verwenden

Ihr Schreiben :

NOTIZBUCH :

AUF BALDIGES WIEDERSEHEN !

Linguas Classics

www.ingramcontent.com/pod-product-compliance
Lightning Source LLC
Chambersburg PA
CBHW082055120626
46553CB00011B/3418

9798896700654